essentials

essentials liefern aktuelles Wissen in konzentrierter Form. Die Essenz dessen, worauf es als „State-of-the-Art“ in der gegenwärtigen Fachdiskussion oder in der Praxis ankommt. *essentials* informieren schnell, unkompliziert und verständlich

- als Einführung in ein aktuelles Thema aus Ihrem Fachgebiet
- als Einstieg in ein für Sie noch unbekanntes Themenfeld
- als Einblick, um zum Thema mitreden zu können

Die Bücher in elektronischer und gedruckter Form bringen das Expertenwissen von Springer-Fachautoren kompakt zur Darstellung. Sie sind besonders für die Nutzung als eBook auf Tablet-PCs, eBook-Readern und Smartphones geeignet. *essentials*: Wissensbausteine aus den Wirtschafts-, Sozial- und Geisteswissenschaften, aus Technik und Naturwissenschaften sowie aus Medizin, Psychologie und Gesundheitsberufen. Von renommierten Autoren aller Springer-Verlagsmarken.

Weitere Bände in der Reihe http://www.springer.com/series/13088

Julius Michel

Regionale Konflikte im Südchinesischen Meer

Ein Überblick

Julius Michel
Roth, Deutschland

ISSN 2197-6708 ISSN 2197-6716 (electronic)
essentials
ISBN 978-3-658-27976-9 ISBN 978-3-658-27977-6 (eBook)
https://doi.org/10.1007/978-3-658-27977-6

Die Deutsche Nationalbibliothek verzeichnet diese Publikation in der Deutschen Nationalbibliografie; detaillierte bibliografische Daten sind im Internet über http://dnb.d-nb.de abrufbar.

Springer VS

Springer VS ist ein Imprint der eingetragenen Gesellschaft Springer Fachmedien Wiesbaden GmbH und ist ein Teil von Springer Nature.
Die Anschrift der Gesellschaft ist: Abraham-Lincoln-Str. 46, 65189 Wiesbaden, Germany

Was Sie in diesem *essential* finden können

- Territorialkonflikte im Südchinesischen Meer
- Wirtschaftliche Verflechtungen im asiatischen Raum
- Analyse des Nationalismus in Südostasien
- Seerechtsübereinkommen
- Militärstrategische Bedeutung der künstlichen Inseln

Inhaltsverzeichnis

1 Abriss der Territorialkonflikte

In der dialektischen Philosophie nach Hegel lässt sich im je besonderen Einzelnen, durch die Spuren der Vermittlungen, das Allgemeine dechiffrieren. Auf den ersten Blick geht es bei den Konflikten im Südchinesischen Meer nur um ein paar aus dem Meer herausragende Felsen, ein paar Riffe und Fische: die Paracel- und Spratly-Inselgruppen. Bei näherer Betrachtung jedoch, erkennt man die globale Dimension des Wettstreits zwischen der Volksrepublik China und den Vereinigten Staaten von Amerika, sowie die Interessen der kleineren Staaten der Region – wie Vietnam, Malaysia, Brunei, Indonesien, die Philippinen und Taiwan –, welche zusehends unter das Rad der Geschichte geraten. Die Großmachtkonkurrenz wird längst nicht mehr bloß wirtschaftlich, mit dem Handelskrieg und der Belt and Road Initiative, ausgetragen. Sie entwickelt sich zu einer neuen Form des Kalten Krieges, mit dem Südchinesischen Meer als heißem Austragungsort. Im gesamten Raum des Chinesischen Meeres liegen reiche und historisch von allen Staaten genutzte Fischgründe. Zudem werden immense Vorkommen an Öl, Erdgas und Erzen vermutet. Durch den Archipel verläuft ein signifikanter Teil des Welthandels. Auch sind die maritimen Routen elementar wichtig für die Energieversorgung der asiatischen Staaten. Darüber hinaus geht es um Fragen der Sicherheitspolitik, der nationalen Souveränität nach internationalem Recht, dessen Geltung für die Zukunft sowie um die freie Navigation auf den Weltmeeren und in der Luft. Gleichzeitig, nebst dieser für die globalisierte Welt normalen Vermittlung von regionalen Konflikten und dem internationalen Handel, sind die asiatischen Anrainerstaaten Teil einer geostrategischen Containment-Strategie seitens der USA gegen das aufstrebende China. China versucht sich aus dieser Umklammerung zu lösen, indem die Volks-

J. Michel, *Regionale Konflikte im Südchinesischen Meer,* essentials,
https://doi.org/10.1007/978-3-658-27977-6_1

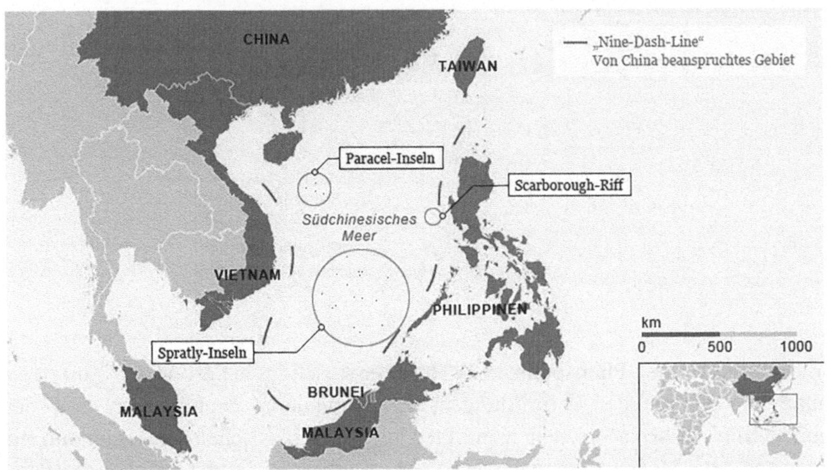

Abb. 1.1 Chinas 9-Dash-Line. (Mit freundlicher Unterstützung der Deutschen Welle)

republik den relativ alten Plan[1] der 9-, bzw. 10-Dash-Line[2] (vgl. Abb. 1.1) – bisher ohne exakte Koordinaten – 2009 international veröffentlichte, also einen Anspruch auf nahezu das gesamte Südchinesische Meer (85,7 %, vgl. Vitug 2018) proklamiert und hierüber die ASEAN Staaten – mittels wirtschaftlicher Verflechtungen – spaltet und imperial in eine Situation der Abhängigkeit treibt. Gleichzeitig beanspruchen auch andere Staaten, wie Vietnam, große Teile der See, welche über ihre – nach internationalen Recht festgelegten – ausschließlichen Wirtschaftszonen (AWZ) hinausragen. Infolgedessen ergeben sich auch unter den südostasiatischen Staaten überschneidende Gebietsansprüche, welche mit jahrhundertealten Karten historisch untermauert werden. Dies macht die Situation extrem komplex, gerade da die Dispute in der Nachkriegs- und Nachkolonialzeit nicht mit Fingerspitzengefühl gelöst wurden und das Seerechtsübereinkommen noch nicht existierte. Nach der Kapitulation Japans schickte die Republik China im November 1946 Marineschiffe in dieses terra nullius, um die Kontrolle über die Atolle zu erlangen. Als der Friedensvertrag mit Japan auf

[1]Die Karte wurde zuvörderst als 11-Striche-Linie 1947 von der Republik China proklamiert, nach der Revolution übernommen und später auf 9 Federzüge reduziert.

[2]Ein Strich um Taiwan wurde 2013 hinzugefügt, in welchem sich Annexionspläne manifestieren. Das System des „ein Land, zwei Systeme" wird nur schwerlich noch 10 Jahre bestehen (Vgl. Abb. 2.3).

der Konferenz von San Francisco am 7. September 1951 unterzeichnet wurde, erklärten sowohl China als auch Vietnam ihr scheinbares Anrecht auf die Felsen. Später beanspruchte auch die philippinische Regierung einige Formationen des Archipels. Die Souveränitätsrechte wurden von den Siegermächten vertraglich nicht festgelegt. Die ganze Region wurde in den letzten Jahrzehnten stark militarisiert. Alle Anrainerstaaten, bis auf Brunei und Indonesien, bauten militärische Stützpunkte auf Riffe, Sandbänke und Felsen. China ließ seit 2014 auf solchen Formationen künstliche Inseln mittels zehn Millionen Kubikmeter Zement und vom Meeresboden aufgesogenen Materials auf einer Gesamtfläche von zwölf Quadratkilometern aufschütten, zerstörte somit jene anfälligen maritimen Ökosysteme, und baute Flugzeuglandebahnen, Spionageanlagen, Häfen und Raketenstützpunkte. Zehn künstliche Inseln – teils mit Häfen und Landebahnen – wurden auch von Vietnam konstruiert. Zwar in flächenmäßig um die Hälfte kleinerem Maßstab, jedoch von der internationalen Öffentlichkeit kaum beachtet. Zudem baute Malaysia in den 1980er Jahren auf dem Swallow Riff eine Landebahn. Wie sich jene künstlichen Inseln der natürlichen Erosion entziehen werdem wird unterdessen kaum diskutiert. Taiwans Haltung ist ambivalent. Die Republik schließt sich der ein Land, zwei Systeme Politik an und folgt den immensen Souveränitätsansprüchen des Festlandes, besitzt jedoch eigene Stützpunkte in den umstrittenen Gebieten. So hat die Republik selbst Dispute mit der Volksrepublik über – unter anderem – die Pratas-Inseln und fürchtet eine Annexion. Gleichzeitig unterstützen sie sich gegenseitig, wie die gemeinsame Erneuerung der Hafenanlage auf Itu Aba (Spratly-Inseln) im Februar 2015 zeigte (vgl. Paul 2016a, S. 13).

Im Zuge dieser Konflikte kam es in den letzten Jahrzehnten nahezu wöchentlich zu militärischen Zusammenstößen und kleineren Scharmützeln, zwischen den jeweiligen regionalen Konfliktparteien und globalen Hegemonen, sowie zur Vertreibung oder gar Versenkung von Fischerbooten. Wiewohl die Zusammenstöße zwischen chinesischen und westlichen Schiffen im Zuge des Free-Navigation-Programms leicht in einer Gewaltspirale enden könnten, befinden sich die Anrainerstaaten in einer Situation der Ohnmacht.

Im nördlichen Teil des Südchinesischen Meeres liegen die Paracel-Inseln, die in Gänze von der Volksrepublik China kontrolliert werden[3], nachdem Vietnam in einigen Schlachten vertrieben wurde. Im Zuge dessen starben 1974 75 vietnamesische Soldaten. Vietnam hält dennoch an den Ansprüchen fest, die das Land bereits in den 1970er Jahren mit dem Bau militärischer Infrastruktur und der Vergabe von Explorationsrechten untermauerte. Gleichwohl baute China am 24. Juli 2012 auf der Woody-Insel die Stadt Sansha, welche als Regierungszentrum

[3]Reklamiert seit den 1920er Jahren.

für diverse Städte, Dörfer, bzw. Militärstützpunkte innerhalb der 10-Striche-Linie dient und der Provinz Hainan angegliedert ist. Ein administratives Gebiet in diesem terra nullius zu erschaffen, ist ein gewiefter Schachzug, der von internationalem Protest begleitet wurde.

Östlich hiervon liegt das Scarborough-Riff, inmitten der AWZ der Philippinen, doch sukzessiv unter verstärkter Kontrolle der Volksrepublik, die es erst seit den 1990er Jahren offiziell für sich reklamiert. Seit 2012 hat Peking seine Macht als Herrschaft konsolidiert. Nach einem Konflikt zwischen chinesischen Fischern und der philippinischen Marine sendete China gleichermaßen Einheiten der Marine, erhob Sanktionen gegen philippinische Waren und blockierte die Einfahrt in das Riff für nicht-chinesische Fischerboote. Peking nennt dies die „cabbage tactic“, da sich die chinesischen Schiffe Schichtenweise um die Insel positionierten, um die Einfahrt in die Lagune zu blockieren. Das Riff ist wegen seiner geografischen Lage für China von elementarer Bedeutung, um seine Ansprüche in der gesamten Region netzartig durchzusetzen. Für philippinische Fischer war es ein Zufluchtsort bei stürmischem Wetter und wegen der Fischgründe eine signifikante Lebensgrundlage (vgl. Vitug 2018).

Im südlichen Teil des Meeres liegen die Spratly-Inseln, die von Taiwan, Vietnam und China in Gänze und teils von Malaysia, Brunei und den Philippinen eingefordert werden. In diesem Gebiet wurde der größte Teil künstlicher Inseln aufgeschüttet. Die Region ist von den diversen Konfliktparteien stark militarisiert und anarchisch aufgeteilt worden. Die Eskalationsgefahr ist hier eklatant. 1988 kamen 64 vietnamesische Soldaten bei einem Gefecht mit China ums Leben. Dies war der erste, späte militärische Vorstoß der Volksrepublik in das Gebiet der Spratly-Inseln. Während die Philippinen, Malaysia und Brunei ihre Ansprüche nach dem internationalen Seerechtsübereinkommen ausrichten, forcieren Staaten wie China[4] und Vietnam aggressivere Souveränitätsgebaren. Die Philippinen übernahmen von 1968–1980 in zwei Wellen acht maritime Formationen. Die nächste Welle erfolgte 1999. 1994 begann China mit der Konstruktion von Stützpunkten auf dem Mischief-Reef im philippinischen Hoheitsgebiet und setzte das Land in helle Aufregung. Die Stützpunkte untermauern die jeweiligen Forderungen und dienen der Kontrolle der Fischgründe, Handelsrouten und Ressourcen. Gleichzeitig können sie im Kriegsfall militärstrategische Vorteile generieren und in Friedenszeiten zur Spionage genutzt werden. Für die wirtschaftlich und militärisch schwachen Philippinen sind Teile der Spratly-Inseln – zusammen

[4]Reklamiert seit 1937.

mit der von China kontrollierten Reed-Bank – Gebiete der ressourcenreichen Verwaltungsgemeinde Kalayaan, die zur Provinz Palawan gehört. Im Jahr 2011 verhinderte China die Erforschung von Öl-Ressourcen durch die philippinische Voyager – innerhalb der philippinischen AWZ – mit sieben Fischerbooten und zwei Marineschiffen. Die chinafreundliche Regierung Dutertes forciert aufgrund dessen in der Umgebung der Reed-Bank Joint-Ventures bei der Ölexploration. Diese implizite Aufgabe der nationalen Souveränität (AWZ) führt den Schiedsspruch nach dem Seerechtsübereinkommen (SRÜ) aus dem Jahre 2016 zugunsten der Philippinen ad absurdum und ist de facto ein Verfassungsbruch:

> „The State shall pursue an independent foreign policy. In its relations with other states the paramount consideration shall be national sovereignty, territorial integrity, national interest, and the right to self-determination" (vgl. GOVPH, Article 2, Section 7) „All lands of the public domain, waters, minerals, coal, petroleum, and other mineral oils, all forces of potential energy, fisheries, forests or timber, wildlife, flora and fauna, and other natural resources are owned by the State. With the exception of agricultural lands, all other natural resources shall not be alienated.[...]The State shall protect the nation's marine wealth in its archipelagic waters, territorial sea, and exclusive economic zone, and reserve its use and enjoyment exclusively to Filipino citizens." (vgl. GOVPH, Article 12, Section 2)

Mitte Juni 2019 erregte ein weiterer Fall internationale Aufmerksamkeit als ein Boot Pekings ein philippinisches Fischerboot innerhalb der AWZ der Philippinen – nahe der Reed Bank – versenkte und die 22 philippinischen Fischer dem Wasser überließ. Sie wurden von einem vietnamesischen Fischerboot gerettet. Ihre Nation hat indessen eigene Territorialkonflikte mit den Philippinen. Die philippinische Regierung reagierte auf die Vorfälle zuvorderst zurückhaltend, setzte gar die eigenen Fischer unter Druck, um deren Aussagen zu ändern, forciert nun eine Joint-Investigation der Vorfälle und trifft informelle Vereinbarungen mit China, welche die Opposition erzürnen.

Eine Armada von ungefähr 200 chinesischen Fischerbooten, die teils von der Marine als Tarnung instrumentalisiert wird, setzt in der Region als Meeresmiliz Gebietsansprüche durch. Ihre Gesamtzahl wird auf 1000 Schiffe geschätzt, welche gleichwohl nur sporadisch ihre Netze auswerfen. Nach einem Pentagon-Bericht besitzt die Flotte inzwischen mindestens 84 Spezialanfertigungen, mit Munitionslagern, rammfähigen Bügen und Wasserwerfern (vgl. Office of the Secretary of Defense 2018). Sie agiert aktuell im Gebiet der Insel Pagasa, die von den Philippinen seit Jahrzehnten besetzt wird. Die Insel könnte in Zukunft ebenso Opfer der cabbage Taktik werden. Auf Pagasa leben – als einzig zivil bewohnter Konfliktinsel der Philippinen – etwa 300 Zivilisten und 40 Soldaten.

Pagasa hat eine – in Relation zu Chinas künstlichen Inseln – kleine Landebahn (1,26 km). Sie ist jedoch imstande Jets der philippinischen Luftwaffe (PAF) und die großen C-130 Frachtflugzeuge aufzunehmen. Peking baute seine militärischen Fähigkeiten auf den Spratly-Inseln im Dezember 2016 weiter aus, indem die Volksrepublik Raketen und Raketenabwehrsysteme auf sieben künstlichen Inseln platzierte. Im Juni 2017 folgten Radarsysteme und im August 2017 operierten Truppen in der Umgebung von Sandbänken in der Nähe der Insel Pagasa.

Vietnam sicherte sich nach Paul von der Stiftung für Wissenschaft und Politik bisher 26 Stützpunkte im Gebiet der Spratly-Inseln, die Philippinen 10, China 8, Malaysia 7 und Taiwan 2 (vgl. Paul 2016a, S. 8). Andere Zahlen, wie jene von Gregory B. Poling (bspw. Vietnam 49), weichen geringfügig hiervon ab (vgl. RNF 2018), jedoch ändert sich der status quo stetig und die konzentrierten Stützpunkte Vietnams erschweren zudem eine realistische Zählmethode.

Der Konflikt zwischen Indonesien und China beschränkt sich auf Fischgründe innerhalb der indonesischen AWZ – näher: auf die Umgebung der Natuna- und Anamabsinseln, im südlichsten Teil des Meeres. Jener ist insofern keiner der in diesem Gebiet virulenten Insel-Dispute, jedoch ein Streit über die Souveränität der wirtschaftlichen Nutzung nach internationalem Recht.

2 Regionale Konflikte im Südchinesischen Meer

2.1 Die wirtschaftliche Dimension: ,It's the economy!'

Die Ressourcen im Südchinesischen Meer sind exorbitant. Zehn Prozent des weltweiten Fangs von Speisefisch stammen aus dem Gebiet. Die Fischindustrie ist ein signifikanter Arbeitgeber in der Region. Ferner werden im Archipel seitens der Volksrepublik 125 Mrd. Barrel Öl vermutet (vgl. Paul 2017). Das US-Energieministerium schätzt die Vorkommen konservativ auf 11 Mrd. Barrel Öl und 190 Mrd. Kubikmeter Gas (vgl. Paul 2016a, S. 7). Jene Energievorkommen (vgl. Abb. 2.1) könnten dem asiatischen Raum Unabhängigkeit von der weit entfernten und konfliktträchtigen MENA-Region verschaffen, in welcher China und Russland an Einfluss gewinnen (vgl. Iran). Zugleich sind Ölquellen in Zeiten der verstärkten Ressourcenkonkurrenz – steigende Nachfrage, bei gleichzeitigem Schwund der weltweiten Vorkommen – ein Politikum für sich. Der Archipel wird unlängst als zweiter Persischer Golf bezeichnet. Überdies werden 370.000 t Phosphor (vgl. Hirschmann), Seltene Erden und diverse Erze vermutet.

Partiell werden die Rohstoffe zwar bereits gefördert, so seit 1979 marginal im Gebiet der Spratly-Inseln von den Philippinen – nach der Vergabe eines Explorationsauftrages an ein US-schwedisches Konsortium (vgl. Kreuzer 2014) – sowie von Malaysia[1] und Brunei, doch Vietnam und China hindern sich stark an der Ausbeutung der Rohstoffe im Archipel der Paracel- und Spratly-Inseln, wobei China 2014 eine Ölplattform innerhalb der vietnamesischen AWZ aufstellen ließ.

[1]Seit 2013 patrolliert die chinesische Küstenwache u. a. in Umgebung der öl- und gasreichen Luconia Shoals. Die Blöcke SK 308 und F14 werden von Malaysia bereits ausgebeutet, doch China unternimmt immer aggressivere Versuche, dies zu verhindern. So störte Mitte 2019 die Haijing 35111 die Arbeit der Plattform Sapura Esperanza (vgl. CSIS 2019).

J. Michel, *Regionale Konflikte im Südchinesischen Meer,* essentials,
https://doi.org/10.1007/978-3-658-27977-6_2

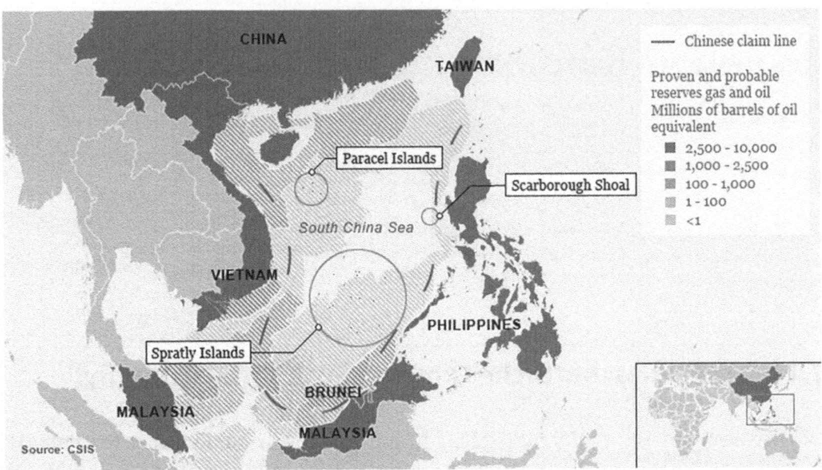

Abb. 2.1 Vermutete Gas und Öl-Vorkommen. (vgl. CSIS und DW. Letzte Aktualisierung: Unbekannt. URL: https://www.dw.com/image/37670.670_401.png – Download vom 17.07.2019)

Angeblich sollen vietnamesische Schiffe chinesische 1416 Mal gerammt haben. China wiederum versenkte vietnamesische Fischerboote. Im Juli 2017 und März 2018 verhinderte China vietnamesische Bohrungen und Mitte 2019 stiegen die Spannungen wegen des Lan Do Gasfeldes, dessen Nutzung im Jahr 2000 geplant wurde und gegenwärtig 10 % des vietnamesischen Energiebedarfs deckt. Im Jahr 2013 übernahm pikanterweise der russische Konzern Rosneft, trotz der chinesisch-russischen Sicherheitskooperation in der Region, für Vietnam den Betrieb des Blocks 06–01, zu welchem Lan Do gehört. Im Mai 2019 begann die Ausbeutung eines weiteren Feldes – Phong Lang Dai –, woraufhin China dies mit der Küstenwache zu verhindern suchte (vgl. CSIS 2019). Gleichwohl werden die Philippinen[2] in Zukunft innerhalb ihrer AWZ verfassungswidrige Joint Ventures mit China arrangieren – bspw. im Gebiet der Reed-Bank – und somit die Ansprüche der Volksrepublik teils legitimieren. Andernfalls wird das Reich der Mitte die Verwertung der Ressourcen auch in Zukunft verhindern. Gemeinsame

[2]Vorausgesetzt der außenpolitische Drift, den Duterte einleitete, hält nach ihm an. Gleiches gilt im Übrigen für die USA, deren Drift von einem idealtypischen Neokonservatismus (George W. Bush) zu einem idealistischen Interventionismus (Barack Obama) sowie isolationistischen Realismus (Donald Trump) bemerkenswert ist.

Untersuchungen inmitten der philippinischen AWZ wurden in den Jahren 2005–2008 von Vietnam, China und den Philippinen realisiert, doch später eingestellt, da einige philippinische Politiker sie als verfassungswidrig ansahen. Vietnamesische Politiker protestierte zuvörderst, da sie in der bilateralen Abmachung die Declaration of Conduct verletzt sahen, lenkten später jedoch ein (vgl. Vitug 2018).

Doch auch als Handelsroute ist das Gewässer hoch frequentiert. Gegenwärtig durchquert mehr als ein Drittel des weltweit gehandelten Rohöls (täglich 15,2 Mio. Barrel) und die Hälfte des verflüssigten Erdgases die Straße von Malakka. Nach Kaplan ist dies mehr als das Sechsfache der Menge, welche durch den Suezkanal, und das Siebzehnfache des Betrages, der durch den Panamakanal fließt (vgl. Kaplan 2011). Die asiatischen Staaten sind aktuell noch auf die Passagen im Südchinesischen Meer angewiesen. So wird das benötigte Rohöl von China zu 80 %, von Südkorea zu 66 % und von Japan zu ca. 60 % durch dieses Meer transportiert (vgl. Paul 2016a, S. 7). Nach dem CSIS China Power Project passierten im Jahr 2016 Waren im Wert von 3,73 Billionen US-Dollar das Südchinesische Meer. Dies entspricht 21 % des Welthandelsvolumens (vgl. Abb. 2.2).

Über 64 % des chinesischen und fast 42 % des japanischen Seehandels durchquerten 2016 die maritime Route. Die Vereinigten Staaten sind – relativ gesehen – in geringerem Maße auf das Südchinesische Meer angewiesen. Etwas mehr als 14 % ihres maritimen Handels passierte die Region (vgl. China Power Team 2017).

Diese Zahlen demonstrieren, welche globale Dimension ein konventioneller Krieg in dem Gebiet verursachen würde. Auch eine temporäre Sperrung des Archipels oder seiner Zufahrtswege wäre kurzzeitig diffizil für den Welthandel, könnte jedoch nach ein paar Wochen über Australien umschifft werden. Regionale Staaten

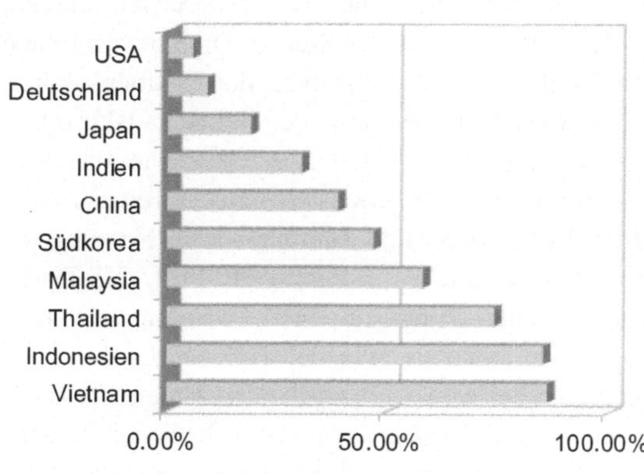

Abb. 2.2 Eigene Grafik. (Quelle: CSIS CPT, 2016)

wie China, Japan, Vietnam und die Philippinen wären besonders stark betroffen, da auch die Energieversorgung sowie ein exorbitanter Anteil der Export-Import-Geschäfte gekappt werden könnte. Insofern ergibt sich ein geoökonomisches Erpressungspotenzial, sobald China die Region restlos bis zu den Straßen von Malakka, Sunda und Lombok kontrolliert und vice versa. Gregory B. Poling wertet jene Statistiken, über die Relevanz der Handelsroute, als irrelevante Argumente, da sich seiner Ansicht nach sowohl China als auch die japanisch-amerikanische Allianz bei einer Sperrung dieser Nadelöhre selbst schaden würden, wir uns in diesem Fall also längst im dritten Weltkrieg befänden (vgl. RNF 2018). Jedoch könnten – entgegen dieser These – granular nur bestimmte Boote gestört werden. Die Meeresmiliz samt der stationierten Aufklärungstechnik im Südchinesischen Meer wäre wahrscheinlich in der Lage solch eine Mission auch von den umstrittenen Stützpunkten aus zu exekutieren. Sobald China auf die Benham Rise expandiert, wäre auch die Umgehungsstraße über Australien bedroht. Indes wurde dieser Hebel bisher von keiner der Konfliktparteien eingesetzt. Es ist jedoch anzunehmen, dass die Konflikte in der Straße von Hormus, die mögliche Sperrung durch den Iran, von den Anrainerstaaten minutiös beobachtet werden – ebenso im Übrigen wie das Verhalten der USA gegenüber den syrischen Kurden im Zuge des Einmarschs der türkischen Truppen Ende 2019, welches die Bündnisse der USA global infrage stellte.

Die maritime Seidenstraße der Belt and Road Initiative (BRI) wird die Relevanz des Archipels und die wirtschaftliche Dependenz der Anrainerstaaten, durch Kredite und Handelsvolumina, intensivieren. Staatskapitalistisch und planmäßig werden Infrastrukturprojekte auf der gesamten Welt gebaut (Tiefseehäfen, Straßen, Pipelines, Energiestraßen und Eisenbahnlinien). Das Projekt involviert mehr als 66 % der Weltbevölkerung sowie 152 Staaten und internationale Organisationen (vgl. BRP 2019). 71 Volkswirtschaften, die geografisch entlang der BRI liegen, erhalten 35 % der globalen ausländischen Direktinvestitionen und umfassen 40 % der Warenexporte. Nach Schätzungen der Weltbank könnten die Infrastrukturprojekte die Reisezeiten entlang der Wirtschaftskorridore um 12 % verkürzen, den Handel zwischen 2,7 % bis 9,7 % sowie das Einkommen um bis zu 3,4 % steigern und 7,6 Mio. Menschen aus extremer Armut befreien (vgl. World Bank 2018). Militärische und kaufmännische Nutzung der in Südostasien dringend benötigten (jährlicher Bedarf: ~210 Mrd. US-Dollar vgl. Jamrisko 2019) Infrastruktur gehen Hand in Hand, während die Kredite Staaten in Schuldenfallen treiben könnten, wie der Fall Sri Lanka zeigt. Der Staat musste die Nutzungsrechte des von China gebauten Hafens in Hambantota für 99 Jahre abtreten, da er die Kredite nicht mehr bedienen konnte. Der Westen (Weltbank, IWF) erzwingt in diesen Fällen zumeist Privatisierungen und den Abbau von Schutzzöllen, also eine verfrühte wirtschaftliche Öffnung. Weltweit wurden seither viele BRI-Projekte überarbeitet und gekürzt (bspw. in Malaysia und Pakistan). Die Initiative soll – u. a. über Korgas – die gesamte eurasische Platte mittels Zugstrecken bis zu den Küstenregionen verbinden und die strukturschwachen Regionen im Westen Chinas[3] sowie Zentralasiens entwickeln. Ferner soll die Überkapazität der Industrie[4], die sinkenden Wachstumsraten und ein potenzieller Rückschritt der Globalisierung, wie er sich gerade im protektionistischen Handelskrieg zeigt, aufgefangen werden. Die Strecken existieren teils seit Jahrzehnten. Die BRI ist der Markenname für einen längst angebrochenen Prozess und soll das neue chinesische Selbstbewusstsein auf der Ebene der Ordnungspolitik unterstreichen. Der Aufbau globaler (maritimer) Infrastruktur ist historisch stets einer der ersten Schritte zur Suprematie gewesen.

Die europäische Connectivity Strategie, die Investitionen in Südostasien impliziert, kann gegen die Milliarden Chinas gegenwärtig nur verlieren. Ein Vergleich macht dies deutlich. Insgesamt soll das externe Aktionsbudget der EU im Zeitraum 2021–2027 123 Mrd. € betragen. Die BRI lässt sich China wohl ca. 1,1 Billionen US-Dollar kosten und von 2005–2018 hat Peking weltweit 2 Billionen US-Dollar investiert (vgl. AEI 2019). Externe Schätzungen der BRI schwanken zwischen 575 Mrd. (vgl. World Bank 2018) und 4–8 Billionen US-Dollar (vgl. Hillman 2018). China konstruierte mit dem Seidenstraßen-Fonds, der NDB und AIIB – zusätzlich zur China Development Bank und China Exim-Bank – hegemoniale Finanzinstrumente als ordnungspolitische Alternative zum IWF und der Weltbank. Ein gemeinsames Projekt von Washington und Brüssel ist, wegen der gestörten internationalen Beziehungen, derzeit undenkbar. China führt mit politischer Ökonomie einen geoökonomischen Krieg gegen die westliche Weltordnung.

Doch bereits jetzt sind die ASEAN-Staaten wirtschaftlich von der Volksrepublik abhängig. Die chinesische Mittelschicht umfasst, je nach Indikator und Statistik, 200–500 Mio. Menschen, von denen im Jahr 2016 122 Mio. im Ausland Urlaub machten (vgl. Yiming 2017). Die meisten davon in Südostasien. Das wichtigste Exportziel Vietnams war 2017 zwar mit 46,2 Mrd. US-Dollar/21 % die USA, doch China war mit 39,9 Mrd. US-Dollar/18 % knapp dahinter. In der Auflistung der Importe taucht die USA (2,4 %) nicht mehr auf und China ist mit 70,6 Mrd. US-Dollar/35 % führend (vgl. OEC). Dies ist jedoch angesichts der

[3]Die Achillesferse Chinas: der Wachankorridor und islamistische Gruppen, wie die (nach Moniz Bandeira) in den 90er Jahren von der CIA unterstützte ETIM, welche mittlerweile jedoch von den USA als Terrorgruppe klassifiziert wird und die in Syrien aufseiten des IS kämpfte. Sie könnte von westlichen Nachrichtendiensten genutzt werden, um das ungleichmäßig entwickelte Land von innen zu zersplittern.

[4]U. a. der Bauindustrie.

Auslagerung der Produktionsstätten im Westen, welche Chinas Aufstieg erst ermöglichten, kein Wunder. Die alternde und prosperierende chinesische Gesellschaft verlagert die transnationalen Wertschöpfungsketten indessen selbst ins Ausland, um die Lohnstückkosten zu senken. Beispielsweise nach Äthiopien, Bangladesch, oder Vietnam. Eine vergleichbare Strategie kündigten auch amerikanische Unternehmen (bspw. Apple) an, um die wirtschaftlichen Verflechtungen mit China zu entkoppeln[5]. Vietnam ist bereits jetzt Pekings industrieller Hinterhof. Malaysia und den Philippinen wurden im Zuge der BRI Kredite über je 24–34 Mrd. US-Dollar versprochen, doch bisher sind erst 148 Mio. in Manila angekommen. Bezogen auf die Exporte und Importe ist China der wichtigste Handelspartner der beiden Länder (vgl. OEC). Ähnlich sieht die Situation in den chinesischen Vasallenstaaten Laos und Kambodscha aus.

In ganz Ostasien hat China im Zeitraum 2005–2018 – laut dem China Tracker des American Enterprise Institute – 265.92 Mrd. US-Dollar investiert (vgl. AEI 2019). Nur noch in Vietnam und auf den Philippinen liegt Japan in Südostasien vermittels Investitionen in die Infrastruktur vorne (vgl. Jamrisko 2019).

Südkorea, Japan und die USA haben in den ASEAN-Staaten vereint zwar eine wesentlich größere ökonomische Bedeutung, doch ist deren einheitliche Wirtschaftspolitik nicht garantiert, eher fragwürdig. Überdies werden Freihandelsverträge mit China in Konkurrenz zum TTP konstruiert, welches Trump – unfreiwillig zugunsten der Volksrepublik – fallen ließ. Das Abkommen hätte die ökonomische Abhängigkeit der Anrainerstaaten reduzieren können. So wurde am ASEAN-Gipfel vom 22. Juni 2019 über das Konkurrenzprojekt RCEP diskutiert. Das Freihandelsabkommen soll den Druck auf Ostasien, welcher dem Handelskrieg entsprang, dämpfen.

Durch die wirtschaftliche Abhängigkeit der Anrainerstaaten erkauft sich China politischen Einfluss, schafft es einstimmige Kommuniqués der ASEAN-Gruppe zu blockieren und weitet seine Macht im südostasiatischen Staatenverbund bilateral mit Zuckerbrot und Peitsche aus. Würde die Volksrepublik hierbei mit Sensibilität den Nationalismus der jeweiligen Bevölkerung reflektieren, könnte sich die Kontrolle noch vergrößern. So werden hauptsächlich chinesische Arbeiter, Manager, Firmen (zu 89 %, vgl. Hillman 2018) und sogar Soldaten eingesetzt, um die Projekte der BRI zu sichern, jedoch führt dies zu einer teils berechtigten Angst vor einem neokolonialen Eingriff in die Souveränität der Staaten seitens der jeweiligen Bevölkerung.

---

[5]Die Verfilzung der amerikanischen und chinesischen Wirtschaft ist wohl die historisch wichtigste Differenz zum Kalten Krieg mit der UdSSR. Ein strategischer Fehler könnte, wegen der möglichen Auswirkungen auf die Sicherheitskooperation, der Handelsstreit mit Indien seit 2019 sein.

2.2 Gründungsmythos und Nationalismus: der innenpolitische Druck

Die Staatsführer Ostasiens sind Gefangene des Nationalismus der eigenen Bevölkerung. Sobald ein Politiker, sei es von China, Japan, Vietnam, oder den Philippinen, versucht, eine Politik der Entspannung einzuschlagen, kommt es zu massiven Demonstrationen und Hetze im Internet:

> „Das reicht bis zu der Beschuldigung, „Blut und Schweiß des chinesischen Volkes" würden von kapitalistischen Verrätern ausgebeutet, die sich als kommunistische Parteiführer kostümiert hätten. Oder bis zur Forderung, das Land von korrupten Beamten zu säubern, die den „Ausverkauf der nationalen Interessen Chinas" betrieben." (Kleine Ahlbrandt 2012)

Solch ein Aufruhr erweist sich, gerade für die kommunistische Partei Chinas, als gefährlich, da sich die nationalistischen Gefühle zu Massenunruhen steigern könnten. Doch wurde der Nationalismus von der Zentralregierung auch stark gefördert. So wird bereits in Schulen die 10-Striche-Linie als chinesisches Territorium gelehrt und in staatstreuen Medien werden die Philippinen als amerikanischer Marionettenstaat propagiert. Noch 1840 beherrschte China fast ganz Südostasien bis zur Straße von Malakka, weshalb Länder wie Vietnam besonders misstrauisch, ob der wachsenden Hegemonie, sind. Seit den 90er Jahren proklamiert China ein Opfernarrativ – das Jahrhundert der Schande 1838–1949, welches als mahnendes Beispiel für die Zukunft gelten soll. Die Demütigungen durch Russland (1858, 1864), Großbritannien (1839–1842, 1856–1860), Frankreich (1885–1895) sowie Japan (1874, 1895, Zweiter Weltkrieg) haben sich tief in das nationale Bewusstsein eingebrannt. Die sinkenden ökonomischen Wachstumsraten werden in China zunehmend politisch vermittels eines neokonservativen Nationalismus, der wachsenden Rolle in der Welt und einer aggressiven Rhetorik kompensiert. Die kollektivistischen Philosophien von Konfuzius und Menzius lösen die marxistisch-leninistische Ideologie sukzessiv als autoritäre Herrschaftslegitimation ab und man besinnt sich auf den royalen Einfluss in Südostasien, was unter dem stalinistischen Maoismus als rückwärtsgewandt galt.

Der Gründungsmythos der Ansprüche legitimiert sich in allen Anrainerstaaten aus jahrhundertealten Karten, die bis ins 11./12. Jahrhundert zurückreichen. Doch nebst Ersterkundung – die zum Disput steht – ist auch die langfristige Kontrolle über das Gebiet entscheidend (Völkergewohnheitsrecht). Die historische Legitimation ist somit fragwürdig, zutiefst ideologisch und letztlich instrumentell.

Nach manch Vorfall im Südchinesischen Meer, wie der Durchtrennung vietnamesischer Unterwassersensorkabel durch chinesische Schiffe 2012, oder der Kollision vietnamesischer und chinesischer Schiffe bei chinesischen Bohrübungen innerhalb der vietnamesischen AWZ 2014, kam es bereits zu pogromartigen Ausschreitungen (vgl. Beichler 2018). So in Vietnam gegenüber chinesischen Firmen und Arbeitern. Bei einem der schlimmsten Vorfälle kamen 21 Menschen ums Leben (vgl. Hodal, Kaiman 2014). Auch die Errichtung von ausländischen Sonderwirtschaftszonen, in denen meist nur Chinesen Arbeit finden, erhitzen die Gemüter Südostasiens und führen regelmäßig zu Demonstrationen gegen die jeweilige Regierung. Trotz alledem tragen chinesische Staatsbürger, welche auf Reisen in Vietnam unterwegs sind, teils T-Shirts mit der 9-Striche-Linie (2018), oder stempeln sie in ihren Reisepass (vgl. Beichler 2018).

In fast jedem Land Südostasiens werden Chinesen verabscheut. In Indonesien entwickelte sich 1965–1966 ein Genozid (500.000–1.000.000 Tote) an den, seit der Kolonialzeit (indirect rule) mit Handel identifizierten, chinesischstämmigen Bürgern sowie den Mitgliedern der kommunistischen Partei Indonesiens, da ihnen – fälschlicherweise – ein Putschversuch unterstellt wurde. Der Westen begrüßte die Massaker im Kontext der Domino Theorie und unterstützte General Suharto, welcher als Diktator aus dem Konflikt hervorging, mit Namenslisten und Waffen. Die indonesischen Täter brüsten sich noch heutzutage als Nationalhelden.

Demonstrationen finden in regelmäßigen Abständen zudem auf den Philippinen statt, wodurch die neue chinafreundliche Außenpolitik Dutertes unter Druck gerät.

Eine am 14. Januar 2019 veröffentlichte Pulse-Asia-Umfrage untermauert dies. Demnach vertrauen 84 % der Filipinos den Vereinigten Staaten. 60 % misstrauen China und 54 % Russland. Japan (75 %) sowie die supranationalen Organisationen ASEAN (82 %) und APEC (80 %) genießen hohe Zustimmungswerte (vgl. PM 2019). Die Werte Chinas blieben von 2015–2017 stabil, haben sich jedoch seitdem verschlechtert. Laut einer SWS-Umfrage vom September 2018 lehnen 84 % der Filipinos Dutertes Entspannungspolitik im Südchinesischen Meer ab und 87 % fordern Souveränität über das Gebiet, derweil 71 % den Konflikt – diametral zu Dutertes Standpunkt – weiter internationalisieren möchten (vgl. PM 2018).

Untersuchungen in China ergaben 2014 ähnliche Werte. So sahen die Chinesen in der sogenannten „fremden Besatzung" zu 80 % die Würde des chinesischen Volkes und der Regierung verletzt und werteten die Okkupationen als eine eine Fortsetzung des Jahrhunderts der Schande. Für 60 % war damit ein persönlicher Gesichtsverlust verbunden. Als Reaktionsform stoß Krieg bei 40 %, Diplomatie bei 60 % und Wirtschaftssanktionen bei 70 % der Chinesen auf Zustimmung (vgl. Kreuzer 2015).

Selbst die jeweilige Namensgebung des umstrittenen Gewässers spiegelt den nationalen Eifer und die Souveränitätsansprüche. So heißt das Südchinesische Meer auf den Philippinen seit 2012 „Westphilippinisches Meer", in Vietnam Ostmeer und in China Südmeer. Gleiches gilt für die Sandbänke, Riffe und Felsen des Archipels.

Eine Aufgabe der Ansprüche, oder eine Anpassung an das internationale Recht, kann sich wegen des grassierenden Nationalismus und des drohenden Gesichtsverlusts somit gegenwärtig kaum eine Regierung der Region leisten. Eine Politik der Entspannung wird durch dieses Dilemma verhindert. Diplomatie, die jene soziale Dynamik nicht reflektiert, bleibt wirkungslos.

2.3 Das Dilemma des internationalen Rechts

Im Jahr 2002 unterschrieben die Konfliktparteien eine Delcaration of Conduct (DoC) zur Festlegung der Verhaltensregeln. Diese Vereinbarung sollte später durch einen stärker bindenden Code of Conduct ersetzt werden. Dies ist bis heute, aufgrund der divergierenden Interessen, nicht geschehen. Die Verhandlungsparteien gaben sich gegenseitig das Versprechen keine weiteren Installationen vorzunehmen, ihre Interessen mittels Diplomatie und nicht durch militärischen Zwang, sowie nach dem 1994 in Kraft getretenen Seerechtsübereinkommen durchzusetzen, welches von 1967 bis 1982 entwickelt wurde. Bis auf Taiwan haben alle Konfliktparteien den Vertrag unterschrieben.

China hält seit 1998 an der 200-Seemeilen-Zone (AWZ) für alle Territorien – inklusive der umstrittenen Inseln – fest, und beantragte jene 2011 bei den Vereinten Nationen. Samt einer geschickten Positionierung der Stützpunkte wurden somit die u-förmigen Ansprüche der 10-Striche-Linie nahezu abgedeckt und das Gebiet seitdem weiter militarisiert.

Die DoC wurde infolgedessen mehrmals verletzt und daher wertlos, weshalb die Philippinen keine andere Möglichkeit sahen als unilateral vor dem Ständigen Schiedshof in Den Haag ein Schiedsgericht gegen China anzustrengen. Denn schon im Jahr 2009 festigte China seine Ansprüche, indem Peking die 9-Striche-Linie, kurz vor einem einem Stichtag für Souveränitätsansprüche in Bezug auf Festlandsockel, erstmals einer internationalen Organisation – der UN – vorlegte (vgl. Paul 2016a, S. 8–13). Malaysia und Vietnam stellten weiland den Antrag ihre AWZ von 200 auf 350 Seemeilen zu erweitern.

So entschied das Schiedsgericht – an dem China nicht teilnahm, obwohl es das Abkommen unterschrieben hat – am 12. Juli 2016, dass die 10-Striche-Linie, sowie deren historische Legitimation, nicht mit dem internationalen Recht vereinbar sei, gerade da China in der Vergangenheit nicht die ausschließliche Kontrolle über die Gewässer und Ressourcen ausgeübt hätte. Gleichzeitig betonte das Tribunal, dass es nicht über Fragen der Souveränität und Grenzen entscheiden würde.

Inseln und Felsen können eine Zwölfmeilenzone, das sogenannte Küstengewässer, beanspruchen, in welcher Schiffe fremder Nationen friedlich – auf direktem Kurs – passieren dürfen. Für Inseln hingegen kann eine 200 Seemeilen (370,4 km) breite ausschließliche Wirtschaftszone reklamiert werden, in der die Rohstoffe (Fische, Öl, Gas, Erze) exklusiv ausgebeutet werden dürfen, andere Staaten jedoch legal Militärmanöver ausführen können.

Itu Aba – die größte Formation der Spratly-Atolle[6] – erfüllt Paul zufolge alle Kriterien (SRÜ) einer Insel – „als » eine natürlich entstandene Landfläche, die vom Wasser umgeben ist und bei Flut über den Wasserspiegel hinausragt « (Artikel 121, Absatz 1 SRÜ)" (ebenda, S. 8) – ließ jedoch unerwähnt, dass die Landformation auch in der Lage sein müsste, ihre Bewohner aus sich selbst heraus zu ernähren, um als Insel zu gelten. Das SRÜ differenziert Inseln, Felsen und Gesteinsformationen. Gesteinsformationen sind so definiert, dass sie bei höchstem Wasserstand überflutet sind. Ein Fels liegt auch bei Flut über dem Meeresspiegel. Im Rahmen des Übereinkommens erzeugen Inseln eine ausschließliche Wirtschaftszone von 200 Seemeilen und einen Kontinentalschelf, aber „Felsen, die nicht in der Lage sind, menschliches Wohnen oder das eigene Wirtschaftsleben aufrechtzuerhalten, dürfen keine ausschließliche Wirtschaftszone oder keinen Kontinentalschelf haben." (Permanent Court of Abitration 2016) Itu Aba ist ein Felsen.

Infolgedessen kam das Tribunal zu dem Schluss, dass keine der Spratly-Inseln die Bedingungen aufweisen würde, die nötig wären, um ausgedehnte Meereszonen zu beanspruchen. Das Tribunal folgerte weiter, dass keines der von China reklamierten Entitäten in der Lage sei, eine ausschließliche Wirtschaftszone zu schaffen, und kam zu dem Schluss, dass bestimmte Meeresgebiete innerhalb der ausschließlichen Wirtschaftszone der Philippinen liegen, da diese Gebiete nicht durch einen möglichen Anspruch Chinas überlappt werden. Ferner verurteilte das Gericht die Zerstörung der maritimen Umwelt seitens der Volksrepublik, welche durch den Bau künstlicher Inseln auf Riffen entstanden sei. Das Gericht stellte fest, dass das Mischief Reef, die Second Thomas Shoal und die Reed Bank bei Flut unter Wasser stehen, Teil der ausschließlichen Wirtschaftszone der Philippinen sind sowie dass das chinesische Festland zu weit weg ist, um einen Anspruch

[6]Verwaltet von Taiwan, beansprucht von China und den Philippinen.

zu erheben. Das Tribunal stellte weitergehend fest, dass China sich in die philippinische Erdölexploration bei der Reed Bank eingemischt hat und ohne die Genehmigung der Philippinen Anlagen und künstliche Inseln auf dem Mischief Reef bauen ließ. China hat die souveränen Rechte der Philippinen in seiner ausschließlichen Wirtschaftszone verletzt, indem es in die philippinische Fischerei und Erdölförderung eingegriffen, künstliche Inseln gebaut und chinesische Fischer nicht daran gehindert habe, in der Zone zu fischen. Das Tribunal untersuchte anschließend die traditionelle Fischerei in Scarborough Shoal und kam zu dem Schluss, dass Fischer aus den Anrainerstaaten lange Zeit in dem Riff gefischt hätten und traditionelle Fischereirechte in der Region besitzen würden: diese Rechte sind verletzt worden, als China den philippinischen Fischern den Zugang zum Riff ab Mai 2012 abschnitt (vgl. ebenda).

Das Urteil wurde sowohl von Taiwan als auch von China abgelehnt. Wiewohl Vietnam die Negation der 10-Striche-Linie Chinas affirmierte, steckte das Land nichtsdestominder in einer ambivalent Situation, da der Schiedsspruch die eigenen historischen Ansprüche auf die Spratly-Inseln im Bereich der philippinischen AWZ implizit widerlegt hat.

Die Bundesregierung sieht Peking, auf eine Anfrage der FDP, durch die Unterzeichnung des SRÜ der Vereinten Nationen, an den Schiedsspruch vom 12. Juli 2016 gebunden, verteidigt die freie Seefahrt, wollte sich jedoch zu der Konfrontation zwischen China und den USA im Rahmen der Freedom of Navigation Fahrten – an denen Frankreich teilnimmt – konkret nicht äußern (vgl. Bundesregierung 2018). Deutschlands Verhalten erinnert an das Taktieren und Balancieren der ASEAN-Staaten zwischen China und den USA, wobei auch hier ökonomische Bedenken das Verhalten beeinflussen.

Das Dilemma des internationalen Rechts (und des Multilateralismus) besteht darin, dass es gerade von schwächeren Staaten unterstützt wird, während die Supermächte vermittels ihre Hegemonie über dem Gesetz stehen, wie Milliardäre in failed states. Sie instrumentalisieren das Recht, insofern es ihren Interessen entspricht. Entweder unterzeichnen sie die Übereinkommen erst gar nicht, oder sie interpretieren die Paragraphen im Nachgang eigenmächtig. Chinas Versuch, durch die Aufschüttung von künstlichen Inseln der Rechtsform der Warenform zu entsprechen, mag zwar vor einem internationalen Schiedsgericht gescheitert sein, jedoch ändert dies nichts daran, dass sie auf ihrer Auslegung der Paragraphen (historische Rechte, identification zone etc.) beharren. Ironischerweise begleitete China als Entwicklungsland die Abfassung des SRÜ, da die Volksrepublik bis in die 90er Jahre aufgrund einer schwachen Marine ein elementares Interesse an rechtlichem Schutz besaß. Mithin verlassen auch kleinere Staaten den Boden des internationalen Rechts, sofern es sich um Fragen der Innenpolitik dreht, wie die Philippinen im

März 2018 unter Duterte das Römische Statut, ob der drohenden Anklage wegen Todesschwadronen im sogenannten Krieg gegen die Drogen. Seit jeher stand hinter dem Recht die Ungerechtigkeit, die Fixierung relativer Machtverhältnisse. Gegenwärtig sitzen die Autokraten dieser Welt im UN-Menschenrechtsrat. Dies führt seine Funktion ad absurdum. Die Abkommen sind, geschlossen in einer anarchischen Welt der Machtausweitung, mit der Verfassung in einer Diktatur zu vergleichen: sie existieren auf dem Papier. Multilaterale Organisationen sowie das internationale Recht müssen bereits auf einer rechtsphilosophischen Ebene in ihrem umfassenden Anspruch scheitern, da das moderne Recht das Verhältnis des Souveräns zum Rechtssubjekt notwendig bedarf. Das Gewaltmonopol in modernen Gesellschaften besitzt der bürgerliche Staat, welcher über die Einhaltung der Verträge der konkurrierenden Warenmonaden wacht. Im zwischenstaatlichen Raum jedoch stehen sich seit dem Beginn des Westfälischen System 1648 verschiedene reale Gesamtorganisatoren auf unterschiedlichen Stufenleitern der Produktivität und Zivilisierung gegenüber, die selbst wiederum nicht von einer übergeordneten Instanz gerichtet werden können, da dies: 1. dem rechtsphilosophischen Begriff des Souveräns widerspräche; und: 2. bereits dadurch nicht funktioniert, da die verurteilten Staaten sich schlicht durch den Austritt aus den entsprechen internationalen Institutionen der unwahrscheinlichen Gerichtsbarkeit entziehen können. Der Begriff des internationalen Rechts – und selbst der schwächere der internationalen Normen – ist pure Ideologie. Treffender wäre internationale Konventionen. Berechtigterweise heißt dann auch das Seerechtsübereinkommen der Vereinten Nationen: United Nations **Convention** on the Law of the Sea. Daher ist der Sieg, wie Marites Danguilan Vitug feststellte, „both sweet and bitter" (Vitug 2018, S. 9). Die Philippinen gewinnen de jure, China jedoch de facto.

2.4 Die (geo-)politische Aufladung des Konflikts

2.4.1 Chinas Geopolitik im asiatischen Raum

Pekings geostrategische Ausrichtung erfolgt auf verschiedenen Ebenen und in kleinen Schritten. Die langfristige Planung der kommunistischen Partei findet nicht nur in der wirtschaftlichen Sphäre, sondern – über Generationen vermittelt – auch in der Politik statt.

China und die USA forcieren im Westpazifik konkurrierende Inselketten, die sich jedoch geografisch gleichen. So reicht die erste Inselkette der USA von Japan, Taiwan, Okinawa (Japan – Ostchinesisches Meer, 26.000 US-Soldaten) über die Philippinen bis nach Vietnam, während die zweite Inselkette östlich am

Südchinesischen Meer vorbei über die Aleuten, Japan, Guam und die Nördlichen Marianen verläuft (vgl. Abb. 2.5). Auf den japanischen Ryūkyū-Inseln, östlich von Taiwan und südlich der – ebenso umstrittenen – Senkaku-Inseln, unterstützt China Seperationsbestrebungen, um der militärstrategischen Eindämmung durch Japan zu entgehen. Das Königreich Ryūkyū war einst, vor der japanischen Annexion 1879, ein Vasallenstaat Chinas. Bereits heutzutage ist durch den Umschwung der Philippinen, der chinesischen Taxis Kambodschas, Myanmars und Pakistans sowie der chinesischen Dominanz im Gebiet der 10-Striche-Linie (chinesische Inselkette) die erste Inselkette der USA nahezu gebrochen. Ferner wird die zweite Inselkette der USA vermittels gegenwärtiger Entwicklungen bedroht. So wurden im Januar 2018 im Bereich der Benham-Rise im (Ost-)Philippinischen Meer Untersuchungen der Chinese Academy of Science zusammen mit der University of the Philippines vorgenommen. Bereits im Jahr 2017 führte China in dem Gebiet der Philippinen eigenmächtig Studien durch und im Februar 2018 schließlich benannte die Volksrepublik fünf der maritimen Entitäten bei der International Hydrographic Organization mit chinesischen Namen, wobei Peking dies für insgesamt 142 Einheiten plant. China könnte in diesem Gebiet letztlich in Zukunft ähnlich agieren, wie bei der 10-Striche-Linie, und künstliche Formationen errichten. Dies folgt der Salamitaktik Chinas, mit kleinen Schritten, jedoch sukzessiv zum Ziel zu gelangen.

Jene chinesischen Inselketten dienen der Kontrolle der signifikanten Handelsrouten und Ressourcen, wobei sie gerade Staaten wie Japan immens unter Druck setzen und im Falle des Benham-Rise bedenklich nah an Guam und die Nördlichen Marianen grenzen. China expandiert in den Pazifik. Auch die Verlagerung eines potenziellen Krieges weg vom chinesischen Festland, hinter die erste US-Inselkette, wird forciert. Ferner wird die amerikanische Strategie der Eindämmung durchbrochen, wobei auch die ASEAN-Staaten und die verstärkte Sicherheitskooperation mit Russland tragende Rollen spielen.

Zwar konnte sich der ASEAN-Verbund 2015 zu einer gemeinsamen Kondemnation der Aktivitäten Chinas im Südchinesischen Meer durchringen (vgl. Paul 2017), doch wurden die einstimmigen Kommuniqués der Organisation des Öfteren von Staaten wie Kambodscha (bspw. 07/2012) und erst kürzlich – ironischerweise – auch seitens der Philippinen blockiert. Die wirtschaftlichen Verflechtungen, die im Zuge Chinas BRI intensiviert wurden, dienen als Druckmittel, um die ASEAN-Staaten gefügig zu machen. Die Duterte Regierung der Philippinen änderte die seit jeher US-treue Außenpolitik und wandte sich, bedingt durch die Desillusionierung im Südchinesischen Meer und der Aussicht auf Kredite, dem starken Nachbarn zu.

Schon Henry Kissinger erklärte seinem Stab insgeheim, dass er wegen dieser Felsen nicht in den Krieg gezogen wäre, die militärischen Sicherheitsabkommen[7] also nur für das Festland galten (vgl. Vitug 2018, S. 107–108). Von dieser Position ist die USA seither kaum abgewichen, weswegen Washington bei der Besetzung der Reed Bank, des Scarborough-, sowie des Mischief-Riffs nur zur Besinnung der Konfliktparteien aufrief. Gerade die umfassenderen Militärallianzen für Südkorea und Japan belasten das amerikanisch-philippinische Verhältnis. US-Außenminister Pompeo stellte jedoch am 01. März 2019 klar, dass ein Angriff auf die Philippinen im Südchinesischen Meer das Verteidigungsbündnis MDT auslösen würde (vgl. Ranada 2019). Schon 1999 wurde ein ähnliches Versprechen proklamiert, gleichwohl nicht eingehalten. Frühere philippinische Regierungen haben sich solch eine Klarstellung lange gewünscht, die gegenwärtige reagierte jedoch reserviert und warnte von einem Krieg mit China. Selbst den Schiedsspruch aus Den Haag will die Duterte-Regierung bilateral diskutieren und kein gemeinsames Kommuniqué im ASEAN-Staatenbund proklamieren. Der Vertrauensverlust in die USA ist immens und die Loyalität von China gekauft. Ohne die Militärbasen auf den Philippinen haben die USA den Streit um das Südchinesische Meer weitestgehend verloren, da Guam zu weit weg ist, um Chinas Einfluss ausbalancieren zu können. Pompeos Verteidigungsgarantien stoßen bei der gegenwärtigen Regierung auf taube Ohren, obwohl sie 2017 gemeinsam die Maute Gruppe und Abu Abu Sayyaf – den philippinischen IS – aus Marawi (Mindanao) verjagten. Jedoch muss hinzugefügt werden, dass das Machtvakuum, welches sich China zunutze machte, durch die Ausweisung der amerikanischen Truppen 1992 entstanden ist. In den 1970er und 1980er Jahren haben die Sowjets mit Stützpunkten in Vietnam und die Vereinigten Staaten mit Stützpunkten auf den Philippinen ein Machtgleichgewicht in der Spratly Region ausbalanciert. Nach dem Zusammenbruch der UdSSR und dem Abzug der Streitkräfte der Vereinigten Staaten aus den Philippinen im Jahr 1992, haben die meisten Fraktionen, insbesondere China, aggressiv Maßnahmen ergriffen. Peking plant zum Entsetzen der USA gar den Kauf der ehemaligen US-Militärbasis und heutigen Werft in der philippinischen Subic Bay. Die ASEAN-Staaten sind in Relation hierzu ohnmächtig. Ein Stützpunkt der Philippinen ist ein auf Grund gelaufenes Schiff aus dem zweiten Weltkrieg. In der Region haben die Philippinen das schwächste Militär.

[7]MDT, die VFA 1998, die Manila Declaration 2011 oder das EDCA aus dem Jahre 2014.

Im Jahr 2018 landete zum ersten Mal ein Langstrecken-Kampfbomber (H-6 K) für atomare Angriffe, sowie diverse Kampfflugzeuge, im Gebiet der Paracel Inseln, vermutlich auf Woody-Island. Wenige Wochen zuvor wurden Raketenabwehrsysteme auf den Spratly-Inseln stationiert (vgl. AFP 2018). Infrage kommen die S-300 und S-400 russischer Bauart, wobei die geografischen Bedingungen nach Becker von der Stiftung für Wissenschaft und Politik kein Cluster zulassen würden, um eine große Menge an Flugzeugen in einem konventionellen Krieg gegen die USA abzuwehren (vgl. Becker 2015, S. 3). Die künstlichen Inseln stellen leichte Ziele dar. Gleichwohl unterschätzt Becker in seiner Analyse die Risiken eines Atomkriegs – die USA und China sind beides atomare Mächte – sowie die Notwendigkeit einen Krieg militärstrategisch von den stark bewohnten Küstenregionen Chinas fernzuhalten, wenn er die Stützpunkte auf den Atollen als „Belastung" (ebenda, S. 4) bezeichnet. Infolgedessen ist es m. E. wahrscheinlicher, dass die USA einen Stellvertreterkrieg mittels ihrer Verbündeten (extern und intern) führen würden als einen eigenen Kriegseintritt zu forcieren, der sich zu einem nuklearen Schlagabtausch entwickeln könnte. Für die wenigen Flugzeuge und Marschflugkörper Vietnams, der Philippinen und Malaysias sollten die Abwehrsysteme im Falle eines konventionellen Krieges indessen ausreichen und bereits jetzt stellen die Stützpunkte eine manifeste Bedrohung für jene Staaten dar, die alleine nicht in der Lage sind die Rohstoffe in ihrem Hoheitsgebiet zu nutzen oder zu verteidigen. Kleinere Einheiten, welche von den Inseln logistisch unterstützt werden können, sind sehr wohl in der Lage Chaos auf den Handelsrouten zu verursachen, Fischerboote effektiv zu verdrängen und den Abbau der Rohstoffe zu schützen, bzw. zu stören. Auch wurden in dem Gebiet längst diverse Landebahnen mit einer Länge von bis zu 3 km (Woody Inseln (Paracel), Fiery Cross (Spratly) Subi (Spratly), Mischief (Spratly) etc.) gebaut und ein Tiefseehafen errichtet (vgl. Paul 2016a, S. 14). Insofern besitzen die dort stationierten chinesischen Einheiten einen zeitlichen Vorteil gegenüber jenen der USA auf Guam. Mithin könnte, wie er selbst feststellte, Aufklärungstechnik (Radaranlagen, Drohnen, Flugzeuge etc.) installiert werden, welche im Friedensfall technische Daten über umliegende Entitäten sammeln würde. Der Konjunktiv kann mittlerweile gestrichen werden. Auch Ausrüstung zur Störung des gegnerischen Funkverkehrs wurde installiert. Im philippinischen Militär wird der militärstrategische Zweck der künstlichen Inseln für China unterdessen als Bedingung der Möglichkeit zum Zweitschlag der Atom-U-Boote angesehen. China ist umringt von Feinden und benötigt die See, um die Schiffe vom Festland entfernt navigieren zu lassen.

Die chinesische Flotte wächst – wie die indische – rasant an – „[t]hey build submarines like sausages" (Kleine-Ahlbrandt 2012) – und der Kaufkraftstandard bei der Produktion von Waffensystemen, sowie beim Unterhalt der Armee, ist auf ihrer Seite. Die Kombination aus einem großen BIP und einem niedrigen BIP pro Kopf erweist ich in diesem Sektor als Vorteil. Die Flottengröße Chinas steigerte sich zwischen 2005 und 2017 um 66 % auf über 250 Schiffe aller Klassen. Mittlerweile liegt die Zahl bei über 300. Der Typ 055 Raketenzerstörer ist der modernste seiner Art und übertrifft die Arleigh-Burke-Klasse der USA. Die Aufrüstung Chinas führte zu einer allgemeinen Steigerung der Militärbudgets in Asien. Die Sipri Zahlen aus dem Jahre 2018, wonach die USA 610 Mrd. US-Dollar in Rüstung investiert hätten und China nach Schätzungen 228 Mrd. (vgl. Sipri 2019, S. 6), sind m. E. verzerrt, da der schwedische Thinktank keinen kaufkraftbereinigten militärischen Warenkorb entwickelt hat, um die Wirklichkeit realistisch vergleichen zu können. Der Lenkwaffenzerstörer Nanchang trägt bis zu zwei Hubschrauber des Typs Z-18 und kostet China 800 Mio. US-Dollar. Zum Vergleich: die USA müssen für die USS Zumvalt 3,5–4,4 Mrd. berappen.

Nach dem Global Firepower Index liegt die USA auf Platz 1, Russland auf Platz 2 und China auf Platz 3. Die Abstände wären demnach – sofern die Berechnungsmethode realistisch ist – in Relation zum Rest der Welt marginal (vgl. GFP 2019). Des Weiteren ist das US-Militär, durch die vielen Auslandsbasen, über die gesamte Welt verstreut und infolgedessen überdehnt. Laut der U.S.-China Military Scorecard der RAND Corporation holt China sukzessiv auf. Die Evolution des Kräfteverhältnisses im Südchinesischen Meer stellt sich demnach abstrakt wie in Abb. 2.3 dar.

Das US-Militär ist technologisch wesentlich weiterentwickelt, doch könnte sich dies durch eine innovative Zerstörung schnell ändern. Die Volksrepublik produziert billiger, schneller und hat eine um eine Millionen Einheiten stärkere Truppe.

Für das Südchinesische Meer analysiert Becker:

> „Bodengestützte chinesische Anti-Schiffsraketen haben mindestens eine Reichweite von rund 1500 km. Würden sie von den Inseln aus eingesetzt, wäre dies eine ernste Bedrohung für die Seestreitkräfte anderer Staaten.[...]Die Reichweite luftgestützter chinesischer Anti-Schiffsraketen wird auf 300 bis 800 km geschätzt. Die Flugzeuge, die sie abfeuern, besitzen wiederum eine Reichweite von bis zu 1800 km. Damit wäre selbst bei vorsichtiger Einschätzung der Leistungsfähigkeit chinesischer Waffensysteme theoretisch ein Einsatz im gesamten Südchinesischen Meer einschließlich seiner Zugänge möglich." (Becker 2015, S. 8)

Unterseebote könnten nach Paul mittels der Überwachungsflugzeuge vom Typ Y-9 in Kombination mit Ka-28-Hubschraubern (bzw. Typ Z-18 F.77) bekämpft werden. Gleichzeitig scheint manch Hafen, wie jener auf Fiery Cross, groß genug für Fregatten vom Typ 045, Korvetten vom Typ 056 und Raketenboote vom Typ 022.

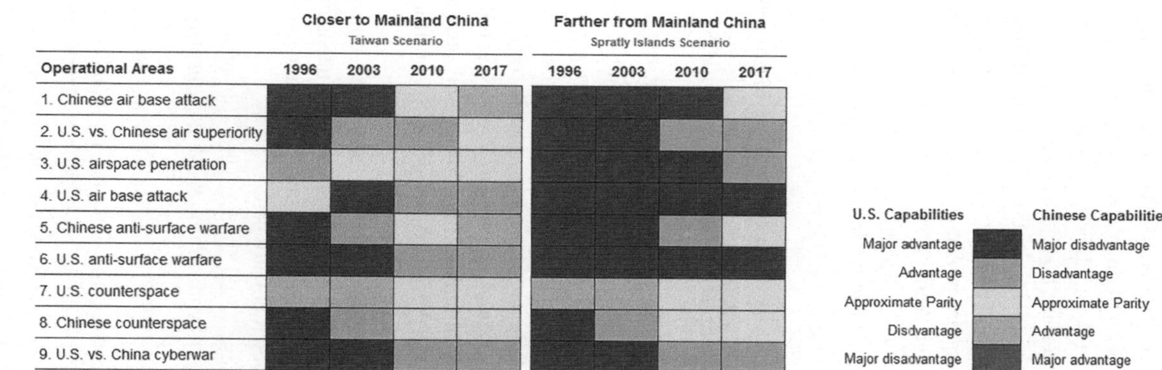

Abb. 2.3 China erobert seinen Hinterhof. (vgl. Heginbotham, Eric, Michael Nixon, Forrest E. Morgan, Jacob L. Heim, Jeff Hagen, Sheng Tao Li, Jeffrey Engstrom, Martin C. Libicki, Paul DeLuca, David A. Shlapak, David R. Frelinger, Burgess Laird, Kyle Brady, and Lyle J. Morris, *The U.S.-China Military Scorecard: Forces, Geography, and the Evolving Balance of Power, 1996–2017*, Santa Monica, Calif.: RAND Corporation, RR-392-AF, 2015. URL: https://www.rand.org/pubs/research_reports/RR392.html – Download vom 18.07.2019)

Zusätzlich bestellte die Volksrepublik russische SU-35-Kampfflugzeuge, die für die Patrouille über dem Meer bestens geeignet sind und hat dieses Arsenal noch mit Boden-Luft-Raketen vom Typ HQ-9 verstärkt (vgl. Paul 2016a, S. 15). Jene können Flugzeuge und Schiffe mit einer Reichweite von 200 km anvisieren. Die Dongfeng-Lenkwaffen DF-21D und DF-26, mit Reichweiten von 1500 bis 3000 km, können die Installationen im Südchinesischen Meer vom Festland aus unterstützen und bis über die erste Inselkette hinaus US-Flugzeugträger versenken. Ende Juni 2019 sperrte China das Gebiet der Paracel- und Spratly-Atolle und testete jene ballistischen Flugkörper. Auf der Woody-Insel sind J-11-Kampfflugzeuge, JH-7-Kampfbomber und Antischiffsmarschflugkörper vom Typ YJ-62 stationiert, welche mit ihrem 200 kg Sprengkopf ebenso US-Flugzeugträgern gefährlich werden könnten. In zunehmenden Maße machen Raketen andere Waffensysteme obsolet:

> „Mittlerweile kann fast das ganze von China beanspruchte Meeresgebiet in Dreiecken (Fiery Cross–Subi–Mischief bzw. Paracel– Spratly–Mischief) durch Flugzeuge, Raketen und Radaranlagen abgedeckt werden.“ (Paul 2016a, S. 21)

Ein Präventivschlag wäre theoretisch ausführbar (vgl. Abb. 2.4). Weniger drastisch: der Luft-und Seeraum kann teils gesperrt (A2/AD) und chinesische Unterseeboote (Typ094) geschützt werden. Mithin wird ein Krieg von chinesischen Politikern zumindest in Erwägung gezogen, wobei dies wohl eher als gefährliches Säbelrasseln gewertet werden sollte. Pekings Interesse ist eine ungestörte Progression der militärtechnologischen Kapazitäten. Der Nachteil der chinesischen Armee liegt in ihrer Unerfahrenheit im Einsatz und dem Rückstand im Modernisierungsprozess, sofern der Vergleich mit den USA eröffnet werden soll. Infolgedessen soll das Südchinesische Meer frei von der US-Marine gehalten werden, um Metropolen wie Shanghai, Kanton, Shenzhen und Hongkong zu schützen und militärische Aufklärung zu verhindern. Die nächsten 10–15 Jahre der Modernisierung werden zeigen, ob China bis 2049 der neue Hegemon sein wird, sofern die USA den Aufstieg nicht stoppen.

Die von Becker angesprochene „Keil in der Türe“-Strategie, um eine Sperrung der Straße von Malakka zu verhindern, wird gegenwärtig effektiver mit den Infrastrukturprojekten der BRI exekutiert. So baut China einen Öl- und Container-Tiefseehafen in Gwadar sowie ein Netzwerk aus Öl- und Gaspipelines (Gwadar → Kashgar), um mittels des China-Pakistan-Economic-Corridor (62 Mrd. US-Dollar, vgl. Eder, Mardell 2018) direkt im Indischen Ozean, also schon durch die Tür durchgelaufen zu sein. Ebenso in Myanmar (Kyaupyus/7 Mrd. US-Dollar) und Bangladesch (Chittagong) hat China den Plan militärisch nutzbare

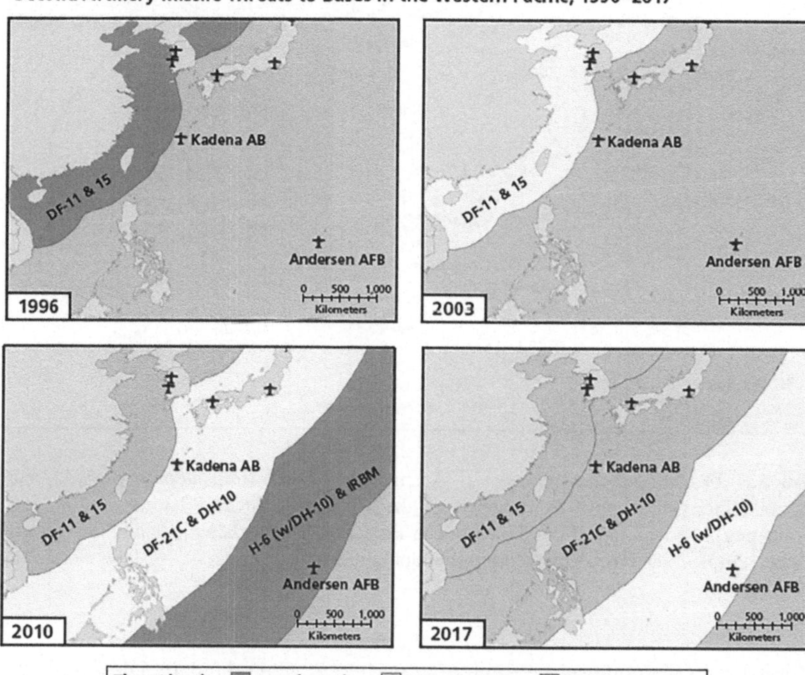

Abb. 2.4 Gefährdung amerikanischer Militärbasen im Hinterhof Chinas im Längsschnitt. (vgl. Heginbotham, Eric, Michael Nixon, Forrest E. Morgan, Jacob L. Heim, Jeff Hagen, Sheng Tao Li, Jeffrey Engstrom, Martin C. Libicki, Paul DeLuca, David A. Shlapak, David R. Frelinger, Burgess Laird, Kyle Brady, and Lyle J. Morris, *The U.S.-China Military Scorecard: Forces, Geography, and the Evolving Balance of Power, 1996–2017,* Santa Monica, Calif.: RAND Corporation, RR-392-AF, 2015. URL: https://www.rand.org/pubs/research_reports/RR392.html – Download vom 18.07.2019)

Tiefseehäfen auszubauen. Öl- und Gaspipelines ins chinesische Festland existieren bereits. Die 2013 in Betrieb genommene Gasleitung durch Myanmar kann jährlich 12 Mrd. Kubikmeter Gas nach China transportieren. Die Ölleitung operiert seit April 2017 und transferiert 22 Mio. Barrel Öl pro Jahr, also etwa 6 % (ohne Gwadar) der chinesischen Ölimporte des Jahres 2016 (vgl. Poling 2018).

In Kenia (Lamu) ist der Hafenausbau bereits in vollem Gange und auch in die Malediven wird investiert, wo Peking eine Insel für 50 Jahre leaste – angeblich um sie als Touristendestination zu erschließen. Kenia könnte den Hafen von

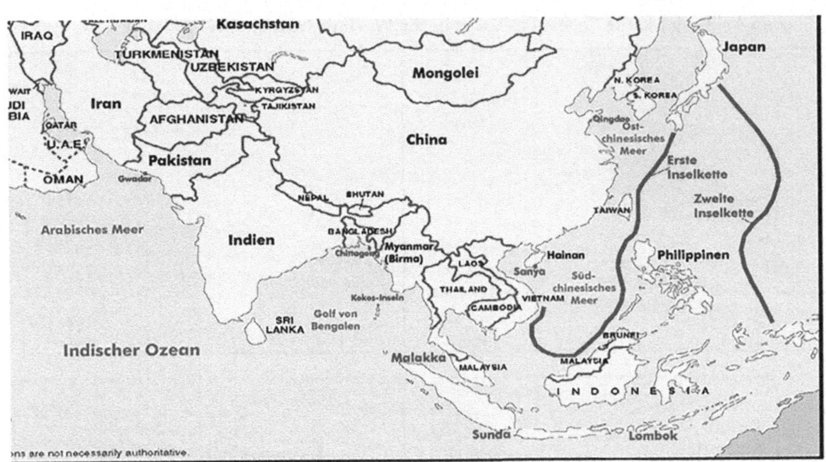

Abb. 2.5 Geostrategisches Gebiet in Asien. (vgl. DoD (https://commons.wikimedia.org/wiki/File:Geographic_Boundaries_of_the_First_and_Second_Island_Chains_incl_Straits.png), „Geographic Boundaries of the First and Second Island Chains incl Straits", Größe, https://creativecommons.org/publicdomain/zero/1.0/legalcode – Download vom 18.07.2019)

Mombasa an die chinesische Regierung verlieren, wenn die nationale Eisenbahngesellschaft mit der Zahlung der 2,3 Mrd. US-Dollar gegenüber der Exim Bank of China in Verzug gerät. Peking hat Bangladesch 38–42 Mrd. US-Dollar zugesagt und plant Kredite und Investitionen in Nepal in Höhe von mehr als 8 Mrd. US-Dollar. Der Drache ist in Indiens Hinterhof angekommen.

Indien verwehrt sich der BRI und vollzieht eigene Investitionen im Rahmen der Act-East-Politik, wie Häfen in Iran (Chabahar) und Indonesien (Sabang). China ist Indien jedoch stets einen Schritt voraus. Delhi konnte vermittels diplomatischen Drucks gerade noch so den Bau des Tiefseehafen Sonadia in Bangladesch verhindern (vgl. Hein 2018).

In Thailand, in der Nähe der Grenzen zu Myanmar und Malaysia, forciert China den Bau des seit Jahrhunderten geplanten Kra-Kanals, wobei die thailändische Regierung noch skeptisch ist und sich reserviert verhält. Mit der polaren Seidenstraße, bzw. der Nordostpassage hat China in kommenden Jahrzehnten vermittels des schmelzenden Eises eine kürzere Alternativroute für Exporte in den Westen. Die Relevanz der Straßen von Malakka, Sunda und Lombok werden folglich zunehmend geschwächt und damit die Bedeutung von Singapur, Indonesien und Malaysia. Gleichzeitig wird der Konkurrent und US-Verbündete Indien eingedämmt, welcher mit seinen Stützpunkten auf den Andamanen und Nikobaren den Flaschenhals Malakka schließen könnte. China pachtete gleich gegenüber für 99 Jahre Land in Kambodscha und baut in der Nähe dieses Nadelöhrs mehrere (Tiefsee-)Häfen und Flughäfen (Kampot, Koh Kong), über deren mögliche militärische Nutzung als Marinebasis spekuliert wird. Gleiches gilt für die Häfen in Sri Lanka.

Weitere Häfen werden in Malaysia (Kuantan nahe Malakka), Vietnam (Duyen Hai) und im Osten Russlands („geschlossene Stadt" Fokino – Basis der russischen Pazifikflotte) gebaut, über deren militärstrategische Nutzung nichts bekannt ist und die im Falle von Kuantan und Duyen Hai wegen der Territorialkonflikte bisher abwegig erscheint.

Die Investitionen in Gwadar sowie im restlichen Indischen Ozean sind insofern geschickte Schachzüge, um die kritischen Versorgungslinien vor indischer und amerikanischer Interferenz abzukapseln. Pakistan ist gleichzeitig der Erzfeind Indiens. Noch wird es dementiert, doch es wird vermutet, dass Peking in Gwadar einen strategisch liegenden Militärstützpunkt eröffnen wird.

Im Indischen Ozean werden die Hälfte der Containerladungen der Welt verschifft, 28 % des global gehandelten Speisefischs gefangen und 40 % des auf See gewonnen Öls gefördert (vgl. Hein 2018). Mehr als 80 % des weltweiten maritimen Ölhandels durchqueren den Indischen Ozean und 90 % des indischen Außenhandels. Die Bedeutung der für den Welthandel wohl wichtigsten Route wird durch das schnelle Wachstum der asiatischen Märkte sukzessiv zunehmen.

Die Coco-Islands Myanmars werden von China wahrscheinlich für die nachrichtendienstliche Aufklärung der indischen Marine benutzt. In Djibouti, in der Nähe des Suez-Kanals und der Straße von Hormus, verteidigt China mit einem Militärstützpunkt Energieimporte und Exporte nach Europa. Weitere Stützpunkte sind geplant. In Verbindung mit dem Hafen in Sri Lanka konstruiert China folglich eine geostrategische Perlenkette, welche von Mombasa und Gwadar ausgehend, über die Coco-Islands, bis ins Südchinesische Meer reicht (vgl. Abb. 2.5). Der Indische Ozean ist Chinas Tor nach Afrika.

Inmitten dieses Weltmeers, 3500 km östlich von Kenia und 2000 km südlich von Sri Lanka, liegt geostrategisch ideal die US-Militärbasis Diego Garcia im britischen Hoheitsgebiet. Ein Restbestand des kolonialen Imperiums. Mehr als 3000 Soldaten und Zivilisten, B52 Langstreckenbomber und Atom U-Boote sind hier stationiert. Sie wurde in den diversen Kriegen im Irak und Afghanistan logistisch genutzt. Selbst Flugzeugträger können hier ankern. Ein kürzlich ergangenes Urteil des Internationalen Gerichtshofs (IGH) in Den Haag, welches die britische Herrschaft im Chagos-Archipel für „rechtswidrig" erklärte, wird von Großbritannien, ob des zunehmenden geopolitischen Wettbewerbs im Indischen Ozean und einer Verschiebung der globalen Machtverhältnisse nach Osten, ignoriert (vgl. Vine 2019).

Ferner besteht die Gefahr, dass sich die ASEAN-Staaten während der nächsten Generationen durch die geoökonomische und militärische Dynamik zu Satelliten der Volksrepublik entwickeln, sofern die Strategie des balancierten Taktierens nicht weiter funktioniert. Entweder weil die USA sich als nicht verlässlicher Partner erweisen, oder finanziell geschwächt werden. Die Stimmung kippt. Immer mehr asiatische Staaten sehen Peking als den Sieger in der Konkurrenz der Systeme. Die Hoffnung der Clinton Ära, dass die aufstrebende chinesische Mittelschicht, nach der Sättigung ihrer materiellen Bedürfnisse und in Verbindung mit dem Internet, qua eines sozialen Naturgesetzes mehr politische Mitstimmung verlangen würde, hat sich als trügerische Ideologie erwiesen. Es droht somit in Zukunft ein zweiter Warschauer Pakt, der sich aus Teilen der Shanghaier Organisation für Zusammenarbeit (vgl. Kagan 2008) und der ASEAN-Gruppe zusammensetzen könnte, als Ausdruck der Rückkehr des geo-ideologischen Systemkonflikts. Der Ausgang des Tauziehens um die ASEAN-Gruppe zwischen China, Indien, Japan und den USA ist elementar für die Hegemonie in der Region. China agiert hierbei bilateral mit Zuckerbrot (Kredite und Handel) und Peitsche (monetärer und militärischer Druck) sowie der divide et impera Strategie:

> „Die größte Leistung besteht darin, den Widerstand des Feindes ohne einen Kampf zu brechen." (Sunzi)

Das späte 20. Jahrhundert war geopolitisch die Zeit der Berliner Mauer, das 21. Jahrhundert hingegen wird die große Sandmauer Chinas im Südchinesischen Meer und den Indischen Ozean als Schachbrett erben. 615 Mio. Südostasiaten geraten unter den Druck von 1,4 Mrd. Chinesen und 1,4 Mrd. Indern. Nach Kaplan ähnelt Pekings Position im Archipel in vielerlei Hinsicht der Position Amerikas gegenüber der Karibik im 19. und frühen 20. Jahrhundert. Der Spanisch-Amerikanische Krieg 1898, welcher auch die Herrschaft über die Philippinen und Guam brachte, sowie der Bau des Panamakanals in den Jahren 1904–1914, etablierten die USA als Weltmacht auf dem amerikanischen Kontinent, bevor sie nach dem Ende des zweiten Weltkrieges der neue Hegemon wurden. Die Phase des Isolationismus schlug in die Vertreibung europäischer Mächte um (Puerto Rico, Kuba). China befindet sich ihm zufolge im Südchinesischen Meer, durch die Notwendigkeit der Sicherung der Energieversorgung, in einer vergleichbaren Situation (vgl. Kaplan 2011). Man könnte dies wohl als die Monroe-Doktrin Chinas bezeichnen: Südostasien, als der Hinterhof Chinas, soll frei von westlichen Mächten sein.

Unterdessen verletzt China selbst die amerikanische Monroe-Doktrin, indem Peking in Kuba, Samoa und den Salomonen, also im karibischen Hinterhof der

USA, Außenposten der BRI und im Rahmen dessen Militärkooperationen plant. In der Nähe der Region beginnt die Energietrasse der massiven amerikanischen Flüssiggasausfuhren. Das ölreiche Venezuela ist längst ein strategischer Partner Pekings.

Die Kontrolle über die Nadelöhre zwischen dem Südchinesischen Meer und dem Indischen Ozean würde die Volksrepublik mit einer Flotte in die Lage bringen beide Gebiete tangieren zu können. Doch analog zur USA stoppen sie nicht an der Straße von Malakka, sondern wollen mit der geoökonomischen Vernetzung Eurasiens und Afrikas – mittels der BRI – der neue Hegemon werden.

Jedoch fehlen bisher weit verstreute Militärbasen im Ausland, um diese Suprematie auch geopolitisch exekutieren zu können, obzwar die ersten Schritte im Indischen Ozean unternommen wurden.

2.4.2 Die USA vs. China: Freedom of Navigation und Spykman

Die USA haben durch ihre geopolitische Position[8] perfekte Voraussetzungen zur Hegemonie. Die Geopolitik ist wegen der nationalsozialistischen Lebensraumkonzepte in Kritik geraten, doch unterscheiden sich die nüchternen Analysen der angloamerikanischen Konzepte von denen Haushofers, auch wenn sie ihn beeinflusst haben mögen. Die Geografie ist nicht per se strategisch, jedoch war sie es die letzten Jahrtausende. Zwar nahm der Expansionsdrang unter den nationalstaatlich verfassten kapitalistischen Staaten, wie auch der Reichtum, im Vergleich zu den feudalen Fürstentümern neue Handlungsformen an, jedoch lässt sich die Konstante des „Willens zur Macht" (Nietzsche) nicht wegphilosophieren. Solange kollektive und ideologisch aufgeladene Einheiten Menschen eine Plattform zur Identifikation bieten wird es diese anarchischen Prozesse geben:

> „Ihr führt Krieg? Ihr fürchtet euch vor einem Nachbarn? So nehmt doch die Grenzsteine weg — so habt ihr keinen Nachbarn mehr." (Friedrich Wilhelm Nietzsche)

Noch jeder in Rüstung ausgegebene Dollar, die aufgewandte Produktionskapazität, fehlt auf der anderen Seite im Konsum der Bevölkerung; in Kleidung, Essen, und der Denkfreiheit des Wissenschaftlers – wie bereits Dwight D. Eisenhower in seiner berühmten Abschiedsrede ("Presidential Farewell Address") am

---

[8]Zugang zu Atlantik und Pazifik, schwache Nachbarn.

17. Januar 1961 bemerkte. Die Logik des Absurden in diesem Spiel: solange konkurrierende Nationen existieren, ist ein starkes Militär eine Sicherheitsgarantie für den bestehenden Wohlstand. Die Krisenvoraussetzung der Überproduktion setzt sich keynesianisch erneut als Produktion von Vernichtungsmaterial. Der Austritt aus dem Naturzustand, die Herrschaft über die innere und äußere Natur, resultierte in der Herrschaft über andere Menschen. Der Multilateralismus hat unter diesen Voraussetzungen einen schlechten Stand und in den Schaltzentralen der Supermächte regiert der Realismus als Theorie internationaler Beziehungen.

Die Strategie der USA wurde im letzten Jahrhundert von drei geopolitischen Denkern maßgeblich bestimmt. Der Brite Mackinder proklamierte für das britische Empire 1904 die Heartland Theory, teilte die Welt in die Weltinsel (Eurasien und Afrika), das Herzland (Eurasien) sowie die äußeren Kontinente:

> „Wer Osteuropa beherrscht, beherrscht das Herzland. Wer das Herzland beherrscht, beherrscht die Weltinsel. Wer die Weltinsel beherrscht, beherrscht die Welt." (Mackinder)

Mit dem Herzland ist der eurasische Kontinent östlich von Europa gemeint. Der Kontinent ist reich an Rohstoffen, Menschen und Zivilisationen. Er sah die Zeit der Seemächte im Untergang begriffen, weshalb er davon ausging, dass der neue Hegemon derjenige sei, dem es gelinge Eurasien unter Kontrolle zu bringen und bis an die Küstenregionen (inner crescent), aus der in seiner Zeit die herrschenden Mächte stammten, industrialisiert (Züge) expandieren zu lassen. Die Seemächte konnten wegen der diversen Gebirgszüge (bspw. Himalaya, Zāgros-Gebirge, Karpaten, Altai-Gebirge) und Wüsten (bspw. Gobi) nicht tief in das Herzland der Landmächte vorpreschen. Ausgehend von Mitteleuropa (Deutschland) konnte man jedoch leicht nach Russland vordringen und die nächsten Jahrzehnte sollten seine Thesen belegen.

Mackinder sah in seiner Zeit die signifikante Abnahme der Geltung der Marine zugunsten von Zügen kommen: eine Marine braucht Versorgungshäfen an Land, ist leicht durch Meerengen zu blockieren. Der Infrastrukturplan zur Vernetzung des Herzlandes konnte von dem Feudalstaat Russland jedoch nicht ausgeführt werden und das stringent fanatische NS-Deutschland entschied sich Russland anzugreifen, statt eine Kooperation zu forcieren. Auch konnte er die Entwicklung von Flugzeugträgern in seiner Zeit nicht vorhersehen, aus der heraus er Luftmacht mit Land verband.

Doch auch die Strategen des amphibischen Chinas haben Mackinder – gerade da er dem Reich der Mitte eine ähnlich gute Position wie Deutschland zusprach – aufmerksam gelesen und folgen seinem Plan zur Suprematie vermittels der Verbindung des Herzlandes und der restlichen Weltinsel durch Infrastrukturprojekte: die Belt and Road Initiative. Ein industrielles Herzland könnte den inner crescent beherrschen und letztlich bis nach Afrika vorstoßen, um die gesamte Weltinsel zu dominieren. Für die USA ist es daher wichtig der Volksrepublik den Zugang zur See im Südchinesischen Meer potenziell blockieren zu können. Die Landblockade liegt immer noch in Polen, im Baltikum und im Kaukasus (der Brücke zwischen Heartland und Afrika→Kaukasuskrieg), während Chinas Landseidenstraße u. a. durch Russland, Polen, Iran, die Türkei und Kasachstan verläuft. Daher sind diese Länder sekundäre Gewinner im Streit zwischen den Supermächten. Da es jedoch viermal teurer ist einen Container per Zug (4000–6000 €) als per See (1500 €) zu versenden, sowie ca. 90 % des Handels über Schiffe abgewickelt wird, bleibt die maritime Seidenstraße global gesehen wichtiger.

Mackinder empfahl folgerichtig dem Herzland den Zugang zum Wasser abzuschneiden, Europa und den Rest Eurasiens mittels einer osteuropäischen Pufferzone zu spalten, und die Staaten selbst auseinanderzudividieren, indem amphibische Nationen wie China und Indien stark gemacht werden sollten. Dennoch überschätzte er Anfang des 20. Jahrhunderts die Möglichkeiten das politisch zersplitterte Schachbrett Eurasiens zu einen und technisch zu verbinden.

Sein Zeitgenosse und theoretischer Gegenspieler in den USA Alfred Thayer Mahan fokussierte sich auf die See:

> „Control of the sea means predominant influence of the world; because it is Nature's great medium of communication" Alfred Thayer Mahan

Frei nach der von Walter Raleigh 1614 publizierten History of the World: Wer die Weltmeere kontrolliert, kontrolliert den Handel. Wer den Handel kontrolliert, kontrolliert die Welt. Produktion für sich ist noch kein Wohlstand, sofern die Waren in der kapitalistischen Welt nicht gegen Geld getauscht werden. Diese Vermittlung verläuft zu einem großen Teil über die See, weshalb es im Interesse einer jeden Handelsnation ist, diese Routen zu schützen. Die Konfliktherde im Südchinesischen Meer gewinnen daraus für jede der industrialisierten Parteien an Geltung, da sie als Druckmittel gegen den transnationalen Warentausch eingesetzt werden können.

Nach Mahan sind eine große Flotte und globale Logistik sicherheitspolitisch elementar. Infolgedessen empfahl er den USA in seinen Schriften den Aufbau einer Hochseekriegsflotte, da die Monroe-Doktrin nur durch eine starke Marine zu sichern und Blockaden der Handelsrouten nur so zu verhindern seien, und legte die theoretische Strategie für den aufstrebenden hegemonialen Anspruch der USA vor. So sah er in Stützpunkten auf Kuba, Puerto Rico, Hawaii, Samoa und den Philippinen eine sicherheitspolitische Notwendigkeit, welche schließlich errichtet wurden.

Letztlich haben die USA Jahrzehnte vor den Insel-Konflikten im Südchinesischen Meer, mitten im Pazifischen Ozean, auf dem Riff Wake sowie den Midway-, Palmyra- und Johnston-Atollen künstliche Formationen – teils mit Landebahn – konstruiert, die im zweiten Weltkrieg eine militärstrategische Funktion besaßen, diese jedoch durch technischen Fortschritt, wie Satelliten und der erweiterten Reichweite von Schiffen, einbüßten.

Die hegelianische Synthese aus beiden auf den ersten Blick widersprüchlichen Positionen kam von Spykman, der Mackinders Theorie, aufgrund der Bedeutung der Weltmeere, die Rimland Theorie hinzufügte, welche bei Mahan als debated and debatable zones und bei Mackinder als inner crescent bereits bestimmt wurde:

> „Wer das Rimland kontrolliert, beherrscht Eurasien. Wer Eurasien beherrscht, bestimmt das Schicksal der Welt.“ Spykman

Das Rimland sind die europäischen und asiatischen Randgebiete, welche für eine – durch Distanz determinierte – Seenation, wie die USA es sind, leichter zu beherrschen wären. Spykman gewichtete die Gebiete schlicht anders als Mackinder, sah eine regulative Kraft in der Kontrolle der Seemächte über die schwachen amphibischen Rimlandstaaten, um die Landmächte des Herzlandes von den Meeresgebieten abzuschneiden. Geopolitischer Pluralismus in Eurasien und sicherheitspolitische Kooperation mit dem Rimland waren für ihn der Schlüssel zur Hegemonie. Die Vereinigten Staaten von Europa stehen dem Sicherheitsinteresse der USA – Spykman zufolge – ebenso diametral entgegen. Das Rimland ist gefangen zwischen Heartland und den äußeren Seenationen, weshalb diese Staaten nach Spykman gewillt wären, eine taktische Position zwischen beiden einzunehmen. Die ASEAN-Staaten und ihr Verhältnis zu China und den USA wären ein Exempel aus der Gegenwart, wobei China mit Mackinders Thesen (BRI) versucht die Spykman map zu durchbrechen. Aus diesen Theorien entwickelten Praktiker und Strategen – wie Zbigniew Brzeziński und Henry Kissinger – die Containment Politik der USA im Kalten Krieg.

Amerikanische Militärbasen liegen noch heute um den Rimland-Gürtel und sichern die amerikanische Suprematie. Dies verschafft der Karte Geltung.

Die USA verfolgen im südostasiatischen Raum dieselbe geopolitische Strategie, welche zuvörderst gegenüber der UdSSR angewendet wurde, und nun gegen China gespiegelt wird. Wurde China einst gegen Russland ausgespielt

(Kissinger-Plan), könnte die USA – obwohl gegenwärtig noch viele Differenzen bestehen und Kooperation bei den eurasischen Staaten etabliert ist – mit dem Post-Putin-Russland gegen China vorgehen. Die sich abzeichnende russisch-chinesische Sicherheitskooperation, samt der BRI, gibt den Test auf Mackinders Thesen, wonach der Vorstoß zur Küstenregion und die Herrschaft über die Weltinsel nun nur noch eine Frage der Zeit wäre. China liegt zum großen Teil im Rimland, hat jedoch Anteile am Heartland (bspw. Xinjiang); umrandet von Gebirgszügen, die das Land beschützen, weshalb beispielsweise Tibet geopolitisch wichtig ist. Die Volksrepublik ist insofern ein amphibischer Staat eigener Klasse, welcher sich nicht nur im Land durch seine Gebirgszüge, sondern auch über die Schutzringe auf See im Südchinesischen Meer, Westpazifik und Indischen Ozean zu verteidigen sucht. Ferner ist China das Deutschland Asiens, wenn man die Nähe zu Russland bedenkt.

Die Karte hat sich also gen Süden verzogen, da sich die kulturellen, historischen, politischen und technischen Bedingungen und Vermittlungen verändert haben. Wer die Perlenkette Chinas und die Karte der Belt and Road Initiative gegen die verzerrte Spykman map projiziert erkennt die Konfliktherde des Kampfes zwischen China und den USA (u. a. Südchinesisches Meer). Der chinesische Zugang zur Küste soll potenziell blockiert werden können, um die Verbindung von Heartland und Rimland zu unterbinden.

Die Einkreisung erfolgt mittels alter und neuer Verbündeter, wie Malaysia, Vietnam, den Philippinen, Südkorea (~23.468 US-Soldaten), Japan (~39.345 US-Soldaten), Australien und Taiwan, in deren Ländern die USA teils diverse offizielle (Okinawa, Busan, Yokosuka etc.) und geheime Militärbasen unterhalten (vgl. Abb. 2.4). Indien – der Erzfeind Chinas – wird seit November 2017 wieder verstärkt in die Sicherheitszusammenarbeit mit Australien, Japan und den USA eingebunden (vgl. Quadrilateral Security Dialogue). Doch der zahnlose Papierträger droht unterzugehen. Weder Australien, noch Indien haben Lust die Last alleine zu tragen. Auch zwischen Japan, Indonesien und Vietnam intensiviert sich die Zusammenarbeit, welche nach der Rand-Corporation mit einer Informationskampagne unterfüttert werden soll, um China seine eigene Verletzbarkeit vor Augen zu halten. Strahlenförmig entwickelten die USA folglich ein System bilateraler Allianzen der Nabe und Speichen, welches u. a. Japan, Südkorea, Australien, und die Wackelkandidaten Philippinen und Thailand einschließt und von dem westpazifischen US-Territorium Guam (5000 Soldaten) sowie der Militärbasis Diego Garcia im Indischen Ozean unterstützt wird. Diese Speichen werden seit 2005 zunehmend durch sicherheitspolitische Querverbindungen der US-Verbündeten untereinander verstärkt (vgl. Wacker 2015, S. 12).

Bereits Hu Jintao bemerkte, dass die USA über Indien, Vietnam, Afghanistan sowie Thailand Druckpunkte im Osten, Süden und Westen wider China installierten. Man könnte dieses System auch als einen neuen Gürtel der Eindämmung bezeichnen, welcher von Usbekistan und Kirgistan über Australien bis Japan reicht, um das System der Naben und Speichen in Ostasien zu unterstützen. In Zentralasien haben die USA zuletzt jedoch Boden an Russland und China verloren, den sie nach dem Zusammenbruch der UdSSR gewannen. Im Norden tritt noch die rohstoffreiche Mongolei hinzu, die zwischen Russland und China eingeklemmt Hilfe bei den USA sucht. Der Kampf um Einfluss wird in Zentral- und Südostasien intensiv geführt.

Die Insel-Dispute zwischen den Verbündeten im Südchinesischen Meer verkompliziert die Eindämmungspolitik für die USA de facto, jedoch mischen sie sich diplomatisch bisher eher vorsichtig ein. Sie haben das internationale Seerechtsübereinkommen, im Gegensatz zu China und den Anrainerstaaten, nicht unterschrieben. Gleichwohl fordern sie die Staaten in regelmäßigen Abständen zu dessen Einhaltung auf. Reagan proklamierte am 10. März 1983 die „United States Oceans Policy", die impliziert, dass die Rechte anderer Staaten gemäß des SRÜ respektiert werden, sofern diese ihrerseits die Freiheit der Seefahrt und das internationale Recht beachten (vgl. Paul 2016b, S. 2). Die USA gaben den asiatischen Staaten – inhaltlich differente – Verteidungsgarantien und erklärten im Juli 2010 durch Außenministerin Hillary Clinton die freie Schifffahrt und den freien Flugverkehr im Chinesischen Meer zum nationalen Interesse. Die Obama Administration unterstrich hiermit ihren pivot to Asia: die geopolitische Kursverschiebung von der MENA-Region in den pazifischen Raum, der diplomatische, wirtschaftliche und sicherheitspolitische Maßnahmen gegen China beinhaltet, um die ungleichmäßig verteilte militärische Macht in Ostasien auszubalancieren. Dieser Umschwung wurde jedoch durch ISIS und die Krim-Krise verzerrt. Bis 2020 soll 60 % der US-Pazifikflotte im Westpazifik stationiert sein und bis 2025 200 F-35-Kampfjets in dem Gebiet operieren. Das Freedom-of-Navigation-Programm an sich besteht seit 1979, um die Freiheit des Schiffs- und Flugverkehrs in kritischen Gebieten zu testen, deren Durchsetzung zu symbolisieren und einen Gebietsanspruch nach Völkergewohnheitsrecht zu verhindern. In Südostasien richten sich die Maßnahmen aktuell gegen Taiwan, Südkorea, China und Vietnam.

Nach Michael Paul oszilliert der Konflikt zwischen dem „Mare liberum" von Hugo Grotius – das Meer wäre demnach gemeinsames Gut aller Menschen – und dem „Mare Clausum" von John Selden, welcher eine Position der staatlichen Kontrolle über das Meer vertrat. Die freiheitliche Sichtweise setzte sich ihm zufolge durch (vgl. Paul 2016b, S. 3). Bezogen auf die heutige Situation der AWZ dürfen Schiffe somit sowohl im Küstenmeer (Zwölfmeilenzone) als auch innerhalb der AWZ (200 Seemeilen) frei passieren (Art. 58 SRÜ), da ansonsten große Umwege in Kauf genommen werden müssten. Dennoch besteht im Südchinesischen Meer die Möglichkeit eines interventionistischen Chaos, mit diffizilen Folgen für die Weltwirtschaft und die Anrainerstaaten, weshalb die USA die freie Seefahrt testet. Ferner soll ein Präzedenzfall für andere kritische Regionen des Globus verhindert werden.

China vertritt eine engere Auslegung der Regeln, wonach das Küstenmeer nur mit Erlaubnis passiert werden darf und innerhalb der AWZ alle militärischen Manöver untersagt sind (dies gilt ebenso für Malaysia). Letzteres gilt jedoch strenggenommen nur für die Küstenregion (Art. 17 & Art. 87 SRÜ). China möchte durch diese eigenwillige Auslegung vor Spionage- und Aufklärungsmissionen geschützt sein.

Jährlich kommt es bei diesen „Freedom of Navigation"-Manövern der USA, Großbritanniens, Frankreichs, Japans und Australiens zu diversen gefährlichen Situationen, die leicht eskalieren könnten. Am Subi Riff passierte am 27. Oktober 2015 der Lenkwaffenzerstörer USS Lassen einen Stützpunkt Chinas und im Januar 2016 fuhr die USS Curtis Wilbur in der Nähe der Triton-Insel durch umstrittene Gebiete. Beide Male wurde die 12-Meilen-Grenze durchbrochen und die Souveränitätsansprüche somit faktisch ignoriert. Die Volksrepublik reagiert teils recht aggressiv. So steuern chinesische Boote oft direkt auf US-Schiffe zu und drehen erst im letzten Moment ab. In der Nähe der Spratly-Inseln versuchte ein chinesisches Schiff den amerikanischen Lenkwaffenzerstörer USS Decatur abzudrängen und ist hierbei bis auf 40 m an ihn herangefahren. Die Schiffe konnten eine Kollision gerade noch abwenden. Ende Mai 2019 wurde ein australischer Militärhelikopter mit Lasern angegriffen. Ebenso in der Luft fingen chinesische Jets US-amerikanische Flugzeuge ab und vollzogen vor ihnen gefährliche Drehungen. So geschehen im Jahr 2017 als das amerikanische Spionageflugzeug Typ WC-135 Constant Phoenix von zwei chinesischen Su-30 abgefangen wurde, welche sich dem amerikanischen Flugzeug bis auf 45 m nährten. Ein Jet soll verkehrt herum über der Phoenix geflogen sein. 2016 gab es ähnliche Situationen. China wirft den USA Spionage vor und verweist auf den Handelsverkehr, welcher ungehindert stattfände. Die Aufklärungsflüge und die symbolische Testung des Luftraums sind jedoch analytisch zu trennen. In beiden Fällen kam es bereits zu kritischen Situationen und oftmals war es wohl mehr Glück als Können, dass es zu keinem Unfall kam. Seit dem Zusammenstoß und dem Absturz eines chinesischen Kampfflugzeugs 2001 bei Hainan ist es zu keinem ernsteren Zwischenfall mehr gekommen, doch könnte ein Absturz oder eine Versenkung amerikanischer Militäreinheiten leicht zu einer Gewaltspirale führen, deren Dynamik letztlich in einem Krieg enden könnte.

Die Volksrepublik nutzt diese Konflikte, um sich als handlungsfähige Großmacht gegen die USA und Japan zu positionieren und vice versa. Die jeweilige situative militärische Überlegenheit, welche die USA gegenwärtig vor allem mit Flugzeugträgerkampfgruppen unterstreicht, generiert symbolisches Kapital und sendet Signale an die Anrainerstaaten. Viele Analysten sehen in der nationalistischen und symbolischen Dimension mittlerweile die ausschlaggebende Triebkraft des Konflikts, da sie die Rentabilität der diplomatischen, militärischen und ökonomischen Maßnahmen im Vergleich zur militärstrategischen und wirtschaftlichen Bedeutung der Region bestreiten (vgl. Becker 2017, S. 8). Diese soziologisierende Wertung ist jedoch recht steil, verkürzt und absolut, gerade aus Sicht der Philippinen, wenngleich die Dimension an sich nicht zu unterschätzen ist und einen interessanten Aspekt der internationalen Beziehungen birgt. Gleichwohl verliert China durch seine Rolle als Aggressor ebenso soziales Prestige, indem international Reputation verloren geht. Die Volksrepublik hat zudem kein Interesse an einer internationalen Medialisierung des Konflikts, wie Cortez A. Cooper III von der Rand-Corporation betont (vgl. RNF 2018). Dies diplomatisch auszunutzen ist die einzig effektive Waffe der Anrainerstaaten.

China agiert mittlerweile ähnlich wie die USA und führte mit der Marine sowie dem Flottendienstboot Beijixing im September 2015 vor Alaska und im Juli 2014 nahe Hawaii Freedom-of-Navigation-Fahrten durch (vgl. Paul 2016a, S. 12). Die polare Seidenstraße soll mittels Eisbrechern (bspw. Yong Sheng, Xuelong 2 etc.) und Flugzeugträgern (Type 001 A ‚Shandong', Liaoning etc.) neue Handlungsspielräume gegen die Containment-Strategie eröffnen und die maritimen Handelsrouten verkürzen, ist jedoch über die Aleuten angreifbar. Daher wurde die freie Seefahrt wohl vor Alaska getestet. Auch wurden im vergangenen Haushaltsjahr in Japan insgesamt 343 russische und 638 chinesische Jets von japanischen Kampfflugzeugen verjagt. Im Jahr 2019 kam es fast zu einem Zusammenstoß zwischen amerikanischen und russischen Booten im Ostchinesischen Meer. Japan und Russland haben selbst Insel-Konflikte über die Südkurilen.

Seit 2012 gab es diverse chinesisch-russische Marineübungen in der Ostsee, im Mittel- sowie im Chinesischen Meer:

> „Die chinesisch-russischen Manöver demonstrierten Fähigkeit und Bereitschaft beider Seemächte, ihre Positionen in Ostasien zu wahren. Mit gemischten Schiffsverbänden wurden Kampfhandlungen auf hoher See geübt, darunter Raketen- und Artillerieschläge gegen Seeziele aus verschiedenen Entfernungen und die Abwehr von U-Boot-Angriffen. Im Südchinesischen Meer wurden im Jahr 2016

> gemeinsame Seemanöver mit dem Schwerpunkt amphibische Operationen zur Inseleroberung abgehalten.[...]Allein Peking ist imstande, den gemeinsamen Rivalen USA und damit die transatlantische Allianz einzuhegen. Dies ist für Moskau von Vorteil, deshalb hat es »den Drachen gefüttert« und hilft ihm auf eigene Kosten beim Wachsen. Insofern strebt der Kreml nolens volens weniger nach Ausgleich (balancing) als nach Anschluss an einen Staat mit höherem Machtpotential (bandwagoning)." (Paul 2019)

Im Chinesischen Meer existiert eine strategische Zusammenarbeit. Moskau hilft der unerfahrenen Armee der Volksrepublik, mittels gemeinsamer militärischer Manöver, einsatzbereit zu sein. Da Russland aufgrund seiner Demografie und Wirtschaftskraft im Verbund mit China bloß Juniorpartner ist, könnte die USA hier nach Putin ansetzen: Russland möchte mitnichten ein Vasallenstaat Chinas werden, jedoch lässt sich die autoritäre Kleptokratie Moskaus in einem chinesischen Ordnungssystem besser rechtfertigen. Die Nordostpassage in Kombination mit den Aleuten könnte gleichwohl dazu führen, dass China ein geostrategisches Interesse an Sibirien entwickelt, um eine potenzielle Sperrung seitens der USA umfahren zu können. Im zentralasiatischen Raum – Moskaus Hinterhof – existiert bereits eine gewisse Konkurrenz um Einfluss. Die Zukunft dieser Allianz ist zumindest weder historisch, noch kulturell oder strategisch sonderlich gesichert. Wer mit Chinesen spricht, dem wird schnell klar, dass ihr Blick eher auf die anderen asiatischen Staaten gerichtet ist.

Becker beschreibt die sich aufschaukelnde Symbolpolitik, samt der gezielten Provokation der Gegenseite, treffend als „kontrollierte Eskalation" (Becker 2017, S. 28), die jedoch durch „taktische Missverständnisse, technische Unzulänglichkeiten oder schwache Nerven der eingesetzten Soldaten" (ebenda) in einem heißen Konflikt enden könnte, dessen unterschwellige Androhung gleichwohl als Damoklesschwert immer Teil des „Spiels" (ebenda) sei. Entgegen seiner eindimensionalen Analyse sind die – Notabene: weltweit exekutierten – Free-Navigation-Fahrten sowie die militärstrategischen und wirtschaftlichen Argumente der Konfliktparteien, nicht Teil einer ideologischen Verschleierungskampagne, sondern Teil eines historischen Präzedenzfalls des internationalen Rechts, mit enormen Auswirkungen auf die Zukunft und die ökonomisch schwachen Anrainerstaaten, welche in seiner Analyse verschwinden. Ferner wird das imperialistisch aufstrebende China von den hegemonialen USA strahlenförmig eingedämmt und versucht auszubrechen[9].

[9]Becker hält dies für zwei verschiedene politische Positionen.

3 Resümee

China hat seine Herrschaft in der Region konsolidiert und militärische Fakten geschaffen. Die aufgeführten wirtschaftlichen, nationalen, rechtlichen, symbolischen und geopolitischen Interessen machen die Appelle der Diplomatie wirkungslos. Eine Veränderung des status quo ist nur mittels eines Zusammenbruchs des Regimes durch Segregation und Handelskonflikt oder eines Krieges zu erwarten. Alle anderen Vorstellungen, wie eine Spirale der Deeskalation, sind wegen der immensen Interessen naiv. China kann nur eingedämmt, jedoch nicht friedlich aus dem Archipel vertrieben werden. Den Anrainerstaaten bleibt als Alternative zu Dutertes manichäischem Dualismus – Krieg oder Kooperation mit China – nur der Angriff auf Pekings internationale Reputation vermittels einer diplomatischen Internationalisierung des Konflikts. Einige amerikanische Sicherheitsberater, wie Kissinger, empfehlen daher Chinas Machtanspruch in Südostasien zu akzeptieren (vgl. Mourdoukoutas 2017). Die Konflikte im Südchinesischen Meer sind jedoch mehr als nur Territorialkonflikte zwischen asiatischen Regionalstaaten. Es ist das geopolitische Schachbrett des 21. Jahrhunderts, wie es Mitteleuropa im 20. Jahrhundert war und teils immer noch ist. Abseits des Handelskrieges wird hier der Kampf um Hegemonie zwischen den USA und China ausgetragen. Das Besondere steht unter dem Schatten des Allgemeinen.

Eine historische Anekdote aus dem peloponnesischen Krieg wird in diesem Kontext oft bemüht. Die *Angst* Spartas vor dem aufstrebenden Athen machte als *Falle* den Krieg unvermeidlich. Diese Falle, benannt nach dem antiken Historiker Thukydides, könnte in dem Archipel zuschnappen. Denn selbst wenn die Region Teil einer chinesischen Monroe-Doktrin ist, ist sie dennoch auch der chinesische Schlüssel zur See und Suprematie sowie die geografische Möglichkeit der USA China über den Seeweg zu blockieren. Mithin kann jene Falle auch durch kleinere Staaten ausgelöst werden, die ihr Taktieren zwischen den Großmächten ausnutzen,

J. Michel, *Regionale Konflikte im Südchinesischen Meer,* essentials,
https://doi.org/10.1007/978-3-658-27977-6_3

um die Spannungen zwischen den Konkurrenten in einen Entscheidungskrieg zu verwandeln, wie einst Korinth und Korkyra im peloponnesischen Krieg:

> „Nicht, wer zuerst die Waffen ergreift, ist Anstifter des Unheils, sondern wer dazu nötigt." (Machiavelli)

Dies wirft ein anderes Licht auf die Position der USA im Kontext der philippinischen Bredouille im Archipel der Spratly-Inseln.

Die Zeit der Bipolarität – der Kalte Krieg – war relativ friedlich, verglichen mit den Jahrzehnten zuvor. Ebenso die unipolare Ordnung nach dem Zusammenbruch der UdSSR. Die Zeit vor dem ersten Weltkrieg war jedoch eine multipolare Ordnung, mit anarchischer Konkurrenz um Vorherrschaft mittels imperialer Mittel, die sich heute wieder abzeichnet. China und Indien, die EU und die USA, Russland und Japan kämpfen um Dominanz, sind jedoch gleichzeitig innenpolitisch Erosionsprozessen ausgesetzt. Die NATO steht kurz vor dem aus. Die EU und die USA haben divergierende Interessen. Ein globaler Verbund der Demokratien scheint in weite Ferne gerückt. Die Welt hat ihre ausbalancierte Stabilität verloren. Die Geschichte ist zurückgekehrt. Die Zukunft wird zeigen, wohin das führt.

Was Sie aus diesem *essential* mitnehmen können

- Globale Verflechtung regionaler Konflikte
- Strategien und Konter der jeweiligen Eindämmungspolitik
- Mehrdimensionale Analyse der Territorialkonflikte im Südchinesischen Meer
- Inhalte des Seerechtsübereinkommens
- Einführung in die Belt and Road Initiative

J. Michel, *Regionale Konflikte im Südchinesischen Meer,* essentials,
https://doi.org/10.1007/978-3-658-27977-6

Literatur

AEI: China Global Investment Tracker. Letzte Aktualisierung. http://www.aei.org/china-global-investment-tracker/ (2019). Download vom 17. 07. 2019

AFP: Chinesische Jets auf Koralleninsel gelandet. Letzte Aktualisierung. https://www.dw.com/de/chinesische-jets-auf-koralleninsel-gelandet/a-43847749 (19.05.2018). Download vom 18.07.2019

APA: Philippinischer Präsident Duterte will mehr Macht. Letzte Aktualisierung. https://www.derstandard.at/story/2000083139815/philippinischer-praesident-duterte-will-mehr-macht (09.07.2018). Download vom 17.07.2019

Becker, C.: Die militärstrategische Bedeutung des Südchinesischen Meeres. Letzte Aktualisierung. https://www.swp-berlin.org/fileadmin/contents/products/aktuell/2015A82_cbk.pdf (September 2015). Download vom 18.07.2019

Becker, C.: Große Statussorgen um kleine Inseln. Letzte Aktualisierung. https://www.swp-berlin.org/fileadmin/contents/products/studien/2017S03_cbk.pdf (Februar 2017). Download vom 18.07.2019

Beichler, L.: Vietnam. Der wachsende Einfluss Chinas sorgt für Unruhe. Letzte Aktualisierung. https://www.kas.de/laenderberichte/detail/-/content/vietnam-der-wachsende-einfluss-chinas-sorgt-fur-unru-1 (01.11.2018). Download vom 17.07.2019

BRP: 152 countries, int'l organizations sign B&R deals with China: spokesperson. Letzte Aktualisierung. https://eng.yidaiyilu.gov.cn/qwyw/rdxw/81392.htm (05.03.2019). Download vom 17.07.2019

Bundesregierung: Territorialkonflikt im Südchinesischen Meer. Letzte Aktualisierung. http://dipbt.bundestag.de/dip21/btd/19/060/1906029.pdf (27.11.2018). Download vom 17.07.2019

China Power Team: How much trade transits the South China Sea? Letzte Aktualisierung. https://chinapower.csis.org/much-trade-transits-south-china-sea/ (27.10.2017). Download vom 17.07.2019

CSIS: China Risks Flare-Up Over Malaysian, Vietnamese Gas Resources. Letzte Aktualisierung. https://amti.csis.org/china-risks-flare-up-over-malaysian-vietnamese-gas-resources/ (16.07.2019). Download vom 11.08.2019

Eder, T., Mardell, J.: Die Belt and Road Initiative in Pakistan: Chinas Vorzeigeprojekt. Letzte Aktualisierung. https://www.merics.org/de/bri-tracker/the-bri-in-pakistan (18.09.2018). Download vom 18.07.2019

J. Michel, *Regionale Konflikte im Südchinesischen Meer,* essentials,
https://doi.org/10.1007/978-3-658-27977-6

GFP: 2019 Military Strength Ranking. Letzte Aktualisierung. https://www.globalfirepower.com/countries-listing.asp (2019). Download vom 18.07.2019

GOVPH.: The Constitution of the Republic of the Philippines. Letzte Aktualisierung. https://www.officialgazette.gov.ph/constitutions/1987-constitution/ (Unbekannt). Download vom 17.07.2019

Hein, C.: Weltregion für Weltregion. Letzte Aktualisierung. https://www.kas.de/documents/259121/4443066/DE_kas_ai_04-2018_hein_web.pdf/a002a0d8-8744-bfc9-d26d-7e74965324d2?version=1.0&t=1545404806966 (04.2018). Download vom 18.07.2019

Hillman, J.E.: China's Belt and Road Initiative: Five Years Later. Letzte Aktualisierung. https://www.csis.org/analysis/chinas-belt-and-road-initiative-five-years-later-0 (25.01.2018). Download vom 17.07.2019

Hirschmann, K.: Konfliktinseln im Südchinesischen Meer. Letzte Aktualisierung. https://www.consulting-plus.de/allgemein/konfliktinseln-im-suedchinesischen-meer/ (Unbekannt). Download vom 17.07.2019

Hodal, K., Kaiman, J.: At least 21 dead in Vietnam anti-China protests over oil rig. Letzte Aktualisierung. https://www.theguardian.com/world/2014/may/15/vietnam-anti-china-protests-oil-rig-dead-injured (15.05.2014). Download vom 17.07.2019

Jamrisko, M.: China No Match for Japan in Southeast Asia Infrastructure Race. Letzte Aktualisierung. https://www.bloomberg.com/news/articles/2019-06-23/china-no-match-for-japan-in-southeast-asia-infrastructure-race (23.06.2019). Download vom 17.07.2019

Kagan, R.: Russland und China betrachten den Westen als feindlich. Letzte Aktualisierung. https://www.spiegel.de/kultur/literatur/us-politvordenker-kagan-russland-und-china-betrachten-den-westen-als-feindlich-a-566165-druck.html (16.07.2008). Download vom 18.07.2019

Kaplan, R.D.: The South China Sea Is the Future of Conflict. Letzte Aktualisierung. https://foreignpolicy.com/2011/08/15/the-south-china-sea-is-the-future-of-conflict/ (15.08.2011). Download vom 17.07.2019

Kleine-Ahlbrandt, S.: Chinas Expansion ins Meer. Letzte Aktualisierung. https://www.monde-diplomatique.de/pm/2012/11/09.mondeText1.artikel,a0008.idx,0 (09.11.2012). Download vom 17.07.2019

Kreuzer, P.: Gefährliches Souveränitätsspiel im Südchinesischen Meer. Letzte Aktualisierung. https://www.bpb.de/apuz/191926/gefaehrliches-souveraenitaetsspiel-im-suedchinesischen-meer?p=all (22.09.2014). Download vom 17.07.2019

Kreuzer, P.: Frieden und Stabilität mit oder gegen China. Letzte Aktualisierung. https://www.hsfk.de/fileadmin/HSFK/hsfk_downloads/standpunkt0215.pdf (2015). Download vom 17.07.2019

Machiavelli, N.: Mensch und Staat. Letzte Aktualisierung. https://gutenberg.spiegel.de/buch/mensch-und-staat-122/8 (Unbekannt). Download vom 18.02.2019

Mourdoukoutas, P.: South China Sea: Can America And China Share Leadership? Letzte Aktualisierung. https://www.forbes.com/sites/panosmourdoukoutas/2017/10/02/south-china-sea-can-america-and-china-share-leadership/#7b77b1fc5cc5 (02.10.2017). Download vom 18.07.2019

OEC.: Philippinen. Malaysia. Vietnam. Letzte Aktualisierung. https://oec.world/de/profile/country (Unbekannt). Download vom 18.07.2019

Office of the Secretary of Defense.: Annual Report to Congress: Military and Security Developments Involving the People's Republic of China. Letzt Aktualisierung. https://media.defense.gov/2018/Aug/16/2001955282/-1/-1/1/2018-CHINA-MILITARY-POWER-REPORT.PDF (16.08.2018). Download vom 17.07.2019

Paul, M.: Allianz auf hoher See? Letzte Aktualisierung. https://www.swp-berlin.org/10.18449/2019A24/ (24.04.2019). Download vom 18.07.2019

Paul, M.: Arktis und Südchinesisches Meer: Ressourcen, Seewege und Ordnungskonflikte. Letzte Aktualisierung. http://www.bpb.de/apuz/261378/arktis-und-suedchinesisches-meer-ressourcen-seewege-und-ordnungskonflikte?p=all (15.12.2017). Download vom 17.07.2019

Paul, M.: Eine »Große Sandmauer« im Südchinesischen Meer?. Letzte Aktualisierung. https://www.swp-berlin.org/fileadmin/contents/products/studien/2016S09_pau.pdf (05.2016a). Download vom 17.07.2019

Paul, M.: Die USA, China und die Freiheit der See. Letzte Aktualisierung. https://www.swp-berlin.org/fileadmin/contents/products/aktuell/2016A14_pau.pdf (März 2016b). Download vom 18.02.2019

Permanent Court of Abitration.: THE SOUTH CHINA SEA ARBITRATION. Letzte Aktualisierung. https://web.archive.org/web/20160712201412/https://pca-cpa.org/wp-content/uploads/sites/175/2016/07/PH-CN-20160712-Press-Release-No-11-English.pdf (12.07.2016). Download vom 17.07.2019

PM.: Umfrage: Filipinos vertrauen den USA am meisten, China am wenigsten. Letzte Aktualisierung. https://philippinenmagazin.de/2019/01/14/umfrage-filipinos-vertrauen-den-usa-am-meisten-china-am-wenigsten/ (14.01.2019). Download vom 17.07.2019

PM.: Umfrage: Mehrheit der Filipinos misstrauen den Chinesen und sind gegen Dutertes China-Politik. Letzte Aktualisierung. https://philippinenmagazin.de/2018/11/20/umfrage-mehrheit-der-filipinos-misstrauen-den-chinesen-und-sind-gegen-dutertes-china-politik/ (20.11.2018). Download vom 17.07.2019

Poling, G.: Kyaukpyu: Connecting China to the Indian Ocean. Letzte Aktualisierung. https://amti.csis.org/kyaukpyu-china-indian-ocean/ (04.04.2018). Download vom 18.07.2019

Ranada, P.: South China Sea covered by PH-U.S. Mutual Defense Treaty – Pompeo. Letzte Aktualisierung. https://www.rappler.com/nation/224668-pompeo-says-south-china-sea-covered-philippines-us-mutual-defense-treaty (02.03.2019). Download vom 18.07.2019

RNF. :Forum: The U.S., China and the Geopolitics of the South China Sea. Letzte Aktualisierung. https://www.youtube.com/watch?v=PvpOb7uX984 (26.02.2018). Download vom: 17.07.2019

Sipri. Yearbook 2018.: Letzte Aktualisierung. https://www.sipri.org/sites/default/files/2018-09/sipri_yb18_summary_de_0.pdf (2019). Download vom 18.07.2019

Vine, D.: Diego Garcia: Troubling Past, Uncertain Future. Letzte Aktualisierung. https://thediplomat.com/2019/06/diego-garcia-troubling-past-uncertain-future/ (01.07.2019). Download vom 18.07.2019

Vitug, M.D.: Rock Solid, 1. Aufl. Ateneo de Manila University Press, Manila (2018)

Wacker, G.: Sicherheitskooperation in Ostasien. Letzte Aktualisierung. https://www.swp-berlin.org/fileadmin/contents/products/studien/2015_S02_wkr.pdf (01.2015). Download vom 18.07.2019

World Bank.: Belt and Road Initiative. Letzte Aktualisierung. https://www.worldbank.org/en/topic/regional-integration/brief/belt-and-road-initiative (29.03.2018). Download vom 17.07.2019

Yiming, C.: Chinesen im Reisefieber. Letzte Aktualisierung. https://www.marktforschung.de/dossiers/marktforschung-international/blog-aus-china/marktforschung/chinesen-im-reisefieber/ (31.08.2017). Download vom 17.07.2019